Susanne Gugeler

Materialien und Kopiervorlagen
zur Klassenlektüre

Mirjam Müntefering

Mut auf sanften Pfoten

Hase und Igel®

Inhalt

www.hase-und-igel.de
Lektorat: Mira Fischer
Illustrationen: Laura Rosendorfer (aus der Lektüre),
Uta Fischer (S. 6 und 20) und Hendrik Kranenberg (S. 25)
Satz: Appel Grafik München GmbH

ISBN 978-3-86316-186-6

Das Buch

Katzen gehören zu den beliebtesten Haustieren. Ihre freundliche Art und ihre Anpassungsfähigkeit machen sie auch für die Haltung in Familien attraktiv. Kinder genießen den Umgang mit den verspielten Tieren und erlernen dadurch Rücksichtnahme und Verantwortung. Von einer besonderen Katze-Kind-Beziehung handelt das Buch von Mirjam Müntefering. Die Autorin schildert darin jedoch nicht den Alltag mit einem Haustier, sondern erzählt von der allmählichen Annäherung zwischen einem schüchternen Mädchen und einer verwilderten Katze.

Lilli entdeckt das hungrige Tier auf dem Heimweg von der Schule und folgt ihm bis zu seinem Versteck. Das befindet sich ausgerechnet im Garten von Jannik und Fabian, den frechen Nachbarszwillingen. Zusammen mit Frau Wege vom Katzenschutzverein schmiedet Lilli einen Plan, wie sie Söckchen und ihren drei Jungen dennoch helfen kann. Dem Mädchen gelingt es, das Vertrauen der Tiere zu gewinnen und die Mutterkatze einzufangen. Söckchen wird medizinisch versorgt und anschließend im Katzenhaus untergebracht.

Als Lilli auch die Katzenbabys in Gewahrsam nehmen möchte, ist eines der Jungen verschwunden. Vom Fenster aus bemerkt die Tierfreundin, dass der Holzstoß im Nachbargarten eingestürzt und der Eingang zum Katzenversteck verschüttet ist. Lilli nimmt ihren ganzen Mut zusammen und bittet Jannik und Fabian um Hilfe. Gemeinsam befreien die drei Kinder Minni aus ihrer misslichen Lage.

Durch die Rettungsaktion freunden sich Lilli und die Nachbarszwillinge an. Von nun an besuchen sie die Katzenfamilie täglich im Katzenhaus. Zwei Junge finden bald neue Besitzer. Söckchen und Minni dürfen schließlich bei Lilli einziehen.

Die Lektüre vermittelt den Schülern viele Informationen über streunende Katzen. Außerdem erhalten die Kinder Anregungen, wie sie selbst herrenlosen Tieren helfen können. Neben der Rettung der Katzenfamilie steht die Entwicklung der Hauptfigur im Mittelpunkt: Anfangs ist Lilli sehr schüchtern und ständig den Hänseleien von Jannik und Fabian ausgesetzt. Schritt für Schritt befreit sie sich von ihrer Ängstlichkeit und schließt am Ende sogar Freundschaft mit den Zwillingen.

Der überschaubare Umfang sowie die kindgerechte Sprache des Buches sind dem Leistungsvermögen und den Interessen von Schülern der zweiten und dritten Klasse angepasst. Liebevoll gestaltete Illustrationen erleichtern das Textverständnis und steigern die Lesemotivation. Darüber hinaus zeigen sie Lilli als ein Mädchen mit dunkler Haut, was jedoch für die Entwicklung der Handlung keine bestimmende Rolle spielt. Ethnische Vielfalt wird so als selbstverständliche Facette der Gesellschaft sichtbar.

Das Material

Das Unterrichtsmaterial beinhaltet zunächst einen didaktischen Teil für Lehrer. Hier finden Sie kurze Inhaltszusammenfassungen, Gesprächs- und Schreibanlässe sowie Hinweise zum Einsatz der Kopiervorlagen, Lösungen und weiterführende Anregungen.

Daran schließen sich Kopiervorlagen an, die im Unterricht eingesetzt werden können, sich aber auch für die Haus- oder Freiarbeit eignen. Einige Aufgaben sind fächerübergreifend angelegt und können im Kunst- oder Werkunterricht durchgeführt werden.

Neben der Überprüfung des Textverständnisses wird umfangreiches Sachwissen über Katzen vermittelt: Informationen über die Tierart und die Lebensweise von Streunerkatzen (1. bis 3. Kapitel), die Versorgung von verwaisten und verwilderten Katzen (4. bis 6. Kapitel) sowie die Anforderungen an die Katzenhaltung (7. bis 9. Kapitel). Außerdem bieten die Kopiervorlagen Übungen zur Spracharbeit, z. B. zu Wortarten, Verben und ihrer Konjugation, dem Wortfeld „helfen“, der Silbenstruktur von Wörtern und der Bildung von Verkleinerungsformen.

Rätsel und vielfältige Bastelideen ermöglichen eine spielerische und kreative Auseinandersetzung mit den lektürerelevanten Themen und sorgen für Abwechslung. Abgerundet wird das Material mit einem Memospiel und einem Rezept für einen Nachtisch mit Katzenzungen.

Die Symbole in der Kopfzeile der Kopiervorlagen zeigen an, welche Schwerpunkte jeweils gesetzt werden.

Viel Spaß beim Erkunden der Katzenwelt wünscht Ihnen und Ihren Schülern

Susanne Gugeler

Das Buch im Unterricht

Vor der Lektüre

Führen Sie das Thema „Katzen“ mit einem Ratespiel ein. Malen Sie dazu vor Unterrichtsbeginn einen Kreis an die Tafel oder ans Whiteboard. In den Kreis schreiben Sie das Alphabet. Jeder Buchstabe taucht zweimal auf, „K“, „A“, „T“, „Z“ und „E“ jedoch nur einmal. Die Schüler streichen die doppelten Buchstaben durch. Aus den übrig gebliebenen Buchstaben bilden sie das Wort „Katze“.

Zeigen Sie danach ein Foto von einer Hauskatze. Kinder, die eine Katze besitzen oder die Tiere aus der Verwandtschaft bzw. Nachbarschaft kennen, erzählen von ihren Erfahrungen.

Projizieren Sie im Anschluss an das Gespräch das Bild einer verwilderten Katze an die Wand. Der visuelle Impuls lenkt die Schüler auf die Problematik von streunenden Katzen. Vielleicht sind manche Kinder schon selbst herrenlosen Tieren begegnet, z. B. während eines Urlaubs in Südeuropa, und können davon berichten.

Beginnen Sie das Unterrichtsprojekt „Mut auf sanften Pfoten“ mit dem Hinweis: „Die Hauptfigur in unserer neuen Geschichte macht Bekanntschaft mit einer streunenden Katze.“

1. bis 3. Kapitel (Seite 5 bis 23): **Erste Begegnung**

Inhalt

Da Lilli sehr schüchtern ist, geht sie jeden Tag allein in die Schule. Die Nachbarszwillinge Jannik und Fabian haben jedoch dieselbe Strecke. Auf dem Heimweg beobachtet Lilli, wie Fabian sein Pausenbrot in eine Hecke schleudert. Nachdem die Zwillinge weitergelaufen sind, wirft das Mädchen einen Blick in die Hecke. Dort entdeckt Lilli neben dem angebissenen Salamibrot eine Katze. Als sie beruhigend auf das scheue Tier einredet, frisst es vom Brot und läuft mit dem Rest der Mahlzeit davon.

Beim Mittagessen erzählt Lilli ihrer Mutter von der Entdeckung. Diese vermutet, dass es sich um eine Streunerkatze handelt, und liest Informationen über das Fressverhalten der Tiere aus dem Internet vor.

Am nächsten Tag macht sich Lilli auf die Suche nach der Katze und findet sie auf dem Spielplatz. Das Mädchen gibt ihr den Namen „Söckchen“ und verfolgt sie bis zu ihrem Versteck im Nachbargarten. Lilli ist sich sicher, dass unter dem Kaminholz auch die Jungen von Söckchen leben.

Gesprächs- und Schreibanlässe

- Warum hat Lilli Angst vor Jannik und Fabian?
- Wie findest du das Verhalten der Zwillinge Lilli gegenüber?
- Weshalb sollte man Müll und Lebensmittel nicht einfach in die Gegend werfen?
- Wieso ist die Katze in der Hecke so hungrig?
- Wo ist die Katze zu Hause?

Hinweise zu den Kopiervorlagen

Lilli und die Zwillinge

Im 1. Kapitel lernen die Leser die Hauptfiguren der Geschichte kennen. Mithilfe des Arbeitsblatts überprüfen Sie das Textverständnis der Schüler. Der Rätselcharakter der Aufgabe motiviert auch leistungsschwächere Kinder, noch einmal im Buch nachzulesen, falls sie eine Antwort nicht auf Anhieb wissen. Das Lösungswort ermöglicht die Selbstkontrolle.

Lösung

Aufgaben 1 und 2:
Lösungswort: KATZE

Weiterführende Anregungen

- Besprechen Sie mit den Schülern, was man unter eineiigen und zweieiigen Zwillingen versteht. Erstgenannte gleichen sich meist sehr, weil sie aus einer einzigen befruchteten Eizelle entstanden sind. Im zweiten Fall wurden zwei verschiedene Eizellen befruchtet. Diese Kinder sind sich genetisch nicht ähnlicher als andere Geschwister. Sie wurden nur in derselben Schwangerschaft ausgetragen. Bei den Nachbarsjungen in der Lektüre handelt es sich aufgrund ihres unterschiedlichen Aussehens wahrscheinlich um zweieiige Zwillinge.
- Führen Sie ausgehend von Janniks und Fabians Verhalten Lilli gegenüber (siehe auch „Gesprächs- und Schreibanlässe“, oben) ein Klassengespräch zum Thema „Mobbing“. Die Schüler überlegen, wie sie mit verbalen Angriffen umgehen können. Beispiele: Wenn man eine aufrechte Körperhaltung einnimmt, fühlt man sich selbstbewusster. Auch Augenkontakt zu der Person, die mobbt, und die Forderung, mit der Provokation aufzuhören, sind hilfreich. Sprechen Sie darüber, welche Möglichkeiten es gibt, um von Mobbing betroffene Kinder zu unterstützen und in den Klassenverband zu integrieren. Die Schüler können z. B. im Wechsel eine Tutorfunktion übernehmen, die betroffenen Kinder zum Geburtstag

einladen oder sie bei sportlichen Wettkämpfen in ihre Gruppe wählen.

- Die Schüler diskutieren, was Fabian mit dem Pausenbrot anstellen könnte, statt es in die Hecke zu werfen (z. B. als Nachmittagssnack oder zum Abendbrot essen).
- Sammeln Sie das Wissen der Kinder über Allesesser, Vegetarier und Veganer. Allesesser nehmen sowohl pflanzliche als auch tierische Produkte zu sich. Vegetarier verzichten auf Fleisch und Fisch. Veganer essen ausschließlich Nahrungsmittel, in denen kein Bestandteil tierischer Herkunft enthalten ist. Für sie kommen deshalb z. B. auch Milch und Honig nicht infrage.
- Eventuell gibt es in Ihrer Klasse einige Vegetarier oder Veganer. Sie bringen ihre Argumente vor, warum sie keine Tiere bzw. Tierprodukte verzehren.

KV Seite 18

Schrecklich schüchtern?

Hier steht die Hauptfigur Lilli im Mittelpunkt. Eine ihrer auffälligsten Charaktereigenschaften ist ihre Schüchternheit. Die Schüler arbeiten heraus, wie Lillis Familie damit umgeht und wofür das Mädchen seinen Vater bewundert.

Anschließend übertragen die Kinder das Thema auf ihre eigene Lebenswelt, indem sie überlegen, in welchen Situationen sie sich schüchtern bzw. selbstsicher fühlen. Bei der Besprechung der Aufgabe wird sich wahrscheinlich herausstellen, dass Schüchternheit den wenigsten fremd ist. Bringen Sie zur Sprache, dass diese Eigenschaft nicht verurteilt werden sollte. Fragen Sie die Schüler auch, wann es vielleicht sogar von Vorteil ist, vorsichtig zu handeln.

Lösung

Aufgabe 1:

Lilli ist es peinlich, dass sie nicht ist wie ihre Mitschüler.
Mama macht sich Sorgen, weil Lilli so oft allein ist.
Papa tröstet und ermutigt Lilli.

Aufgabe 2:

Lilli gefällt, dass ihr Vater mit allen freundlich redet. Wenn er eine andere Meinung hat, sagt er das.

Aufgabe 3:

individuelle Lösung

Weiterführende Anregung

Die Kinder äußern Vermutungen, warum Lillis Vater früher wohl ebenfalls schüchtern war. Wann und wodurch könnte er selbstbewusster geworden sein?

Streuner- und Hauskatzen

Da die Schüler möglicherweise noch nie einer verwilderten Katze begegnet sind, führen sie sich mit diesem Arbeitsblatt die Unterschiede zu Hauskatzen vor Augen. Leistungsschwächere Kinder markieren die Merkmale von Streuner- und Hauskatzen in verschiedenen Farben, statt den passenden Begriff zu ergänzen. In der zweiten Aufgabe wird das in der Lektüre vorkommende Fremdwort „Hyperkarnivoren" geklärt.

Lösung

Aufgabe 1:

1. Streunerkatzen wurden ausgesetzt oder draußen geboren.
2. Hauskatzen stammen aus dem Tierheim oder vom Züchter.
3. Streunerkatzen streifen ohne Zuhause durch die Gegend.
4. Hauskatzen haben ein festes Zuhause.
5. Hauskatzen bekommen regelmäßig Futter.
6. Streunerkatzen müssen sich ihr Futter selbst suchen.
7. Streunerkatzen sind meist sehr scheu.
8. Hauskatzen sind oft anhänglich.
9. Streunerkatzen müssen sich allein durchschlagen.
10. Hauskatzen werden von Menschen betreut und gepflegt.
11. Hauskatzen verstecken sich gern in der Wohnung.
12. Streunerkatzen verstecken sich manchmal in leeren Gebäuden.

Aufgabe 2:

Hyperkarnivoren ernähren sich ausschließlich von Fleisch.

Weiterführende Anregungen

- Die Schüler diskutieren, ob man eine fremde Katze mit nach Hause nehmen sollte. Pro-Argument: Sie hat größere Überlebenschancen als in der Natur. Kontra-Argumente: Möglicherweise gehört die Katze jemandem, der nach ihr sucht. / Das Tier könnte Krankheiten oder Parasiten übertragen.
- Sprechen Sie mit den Kindern darüber, warum es streunende Katzen gibt. Manche Menschen haben keine Zeit mehr für ihr Tier und setzen es aus. Andere entwickeln eine Allergie und können die Katze deshalb nicht behalten.
- Bestimmt haben die Schüler schon einmal eine Anzeige an einem Laternenpfahl oder in der Zeitung gesehen, mit der nach einer entlaufenen Hauskatze gesucht wird. Sie überlegen sich, was sie tun können, wenn eine vermisste Katze ihren Weg kreuzt. Falls die Kinder ein Smartphone dabeihaben, fotografieren sie das Tier und rufen die angegebene Telefonnummer an. Andernfalls kontaktieren sie den Halter von zu Hause aus.

Die Sinnesorgane der Katze

Der Lückentext vermittelt den Schülern Informationen über die wichtigsten Sinne der Katze. Anschließend sind sie in der Lage, die Körperteile auf der Abbildung zu erkennen und passend zu beschriften.

Lösung

Aufgabe 1:

Die Katze kann sehr gut <u>hören</u>. Selbst das leise Rascheln einer Maus im Gras entgeht ihr nicht. Sie nimmt auch hohe Ultraschalllaute wahr, die von Mäusen ausgestoßen werden. Die <u>Ohren</u> der Katze lassen sich nach allen Seiten drehen. So findet sie schnell heraus, aus welcher Richtung ein Geräusch kommt.
Die Katze setzt außerdem ihre <u>Augen</u> zur Jagd ein. Sie ist sogar fähig, im Dunkeln zu <u>sehen</u>.
Über den Augen und an der Schnauze befinden sich lange <u>Tasthaare</u>. Sie ermöglichen der Katze, ihre Umgebung in der Nacht zu <u>ertasten</u>.
Mit ihrer empfindlichen <u>Nase</u> kann die Katze auch äußerst gut <u>riechen</u>. Sie reibt ihren Kopf an Zaunpfählen und Bäumen. An diesen Duftmarkierungen erkennen andere Katzen, dass schon ein Artgenosse vor ihnen da war.

Aufgabe 2:

Weiterführende Anregung

Mithilfe eines Tierlexikons oder des Internets recherchieren die Kinder zusätzliche Informationen über anatomische Merkmale und Eigenschaften von Katzen, z. B. die einziehbaren Krallen, den langen Schwanz, der zur Steuerung dient, unterschiedliche Farben und Musterungen des Fells.

Was fressen Katzen?

Lilli beobachtet, wie die Streunerkatze ein Salamibrot verschlingt. Sie weiß nicht, was normalerweise auf dem Speiseplan der Tiere steht. Nachdem die Schüler erfahren haben, dass Katzen Hyperkarnivoren sind und daher ausschließlich Fleisch fressen, setzen sie sich auf diesem Arbeitsblatt vertieft mit der Ernährung der Tiere auseinander.

Lösung

Aufgabe 1:

Vögel, Dosenfutter, Mäuse, Fische, Insekten

Aufgabe 2:

Katzen sind zwar Fleischfresser. Aber manchmal fressen sie auch <u>Gras</u>. (...)

Aufgabe 3:

Erwachsene Katzen vertragen keine Milch. Sie bekommen davon Durchfall und Bauchschmerzen.

Weiterführende Anregungen

- Schüler, in deren Familie eine Katze lebt, erzählen von den Fressgewohnheiten ihres Haustiers.
- Die Kinder überlegen, warum man Katzen nicht vegan oder vegetarisch ernähren sollte. Die Tiere können dann unter Mangelerscheinungen leiden. Die Zusammensetzung von gutem Fertigfutter entspricht dagegen dem natürlichen Nährstoffbedarf einer Katze.
- Die Wörter „Sarg“ – „Gras“ auf dem Arbeitsblatt sind „unechte“ Palindrome. Sie können vorwärts und rückwärts gelesen werden, haben aber zwei verschiedene Bedeutungen. Nennen Sie weitere Beispiele für „unechte“ und für „echte“ Palindrome, also Wörter, die vorwärts und rückwärts gelesen identisch sind (z. B. „Uhu“).

Der Schleichjäger

Die Schüler lernen auf diesem Arbeitsblatt das Jagdverhalten von Katzen kennen. Außerdem erfahren sie, warum die Tiere ihre Beute manchmal nicht sofort fressen.

Lösung

Aufgabe 1:

Eine Katze hat sich im hohen Gras **versteckt/~~verlaufen~~**. Sie scheint aufmerksam etwas zu **~~fressen~~/beobachten**. Dann **erhebt/~~legt~~** sie sich und bewegt sich im Zeitlupentempo in geduckter Haltung ein paar Schritte nach vorn. Ihr Körper **~~verlässt~~/berührt** fast den Erdboden. Nun **schnellt/~~schlendert~~** die Katze mit gestreckten Vorderbeinen vorwärts. Sie hat eine Maus **gefangen/~~verloren~~**.

Aufgaben 2 und 3:

Lösungswort: JAGD

Weiterführende Anregung

Geben Sie im Sportunterricht das Kommando für verschiedene Bewegungsabläufe der Katze: „Schleiche im

Zeitlupentempo geduckt vorwärts." / „Ziehe die Beine an und schnelle mit gestreckten Vorderbeinen nach vorn." Erweitern Sie die Beschreibungen auf dem Arbeitsblatt durch zusätzliche Bewegungen, z. B. an der Sprossenwand hochklettern, von oben auf die Matte springen, sich strecken. Sie können auch einen Wettbewerb veranstalten, bei dem immer zwei Schüler gegeneinander antreten. Die Kinder, die am langsamsten schleichen, am weitesten vorwärtshüpfen, am schnellsten an der Sprossenwand hochklettern etc., gewinnen.

KV Seite 23

Das ist Söckchen

Im 3. Kapitel gibt Lilli der streunenden Katze einen Namen: Söckchen. Indem die Schüler den Steckbrief ausfüllen, ein Bild von Söckchen malen und eine Frage beantworten, stellen sie ihr Textverständnis unter Beweis. Der Name der Katze bietet die Gelegenheit für eine Übung zu Umlauten. Die Kinder ergänzen die fehlenden Vokale der Wörter und bilden jeweils deren Verkleinerungsform.

Lösung

Aufgabe 1:

Söckchen hat grüne Augen.
Ihr Fell ist grau-schwarz gestreift.
Sie hat vier weiße Pfoten.
Das Tier wirkt mager.

Aufgabe 2:

Die Katze wagt sich nur vorsichtig aus dem Gebüsch heraus. Ihr Blick wandert zwischen Lilli und der Bratwurst hin und her, bevor sie sich dem Fressen nähert.

Aufgabe 3:

die Katze – das Kätzchen
der Zahn – das Zähnchen
die Pfote – das Pfötchen
die Wurst – das Würstchen
die Schnauze – das Schnäuzchen

Aufgabe 4:

Wenn man die Verkleinerungsform bildet, werden aus Vokalen häufig Umlaute.

Weiterführende Anregungen

- Die Schüler suchen im 1. Kapitel andere Nomen, bei denen die Verkleinerungsform mit einem Umlaut gebildet wird. (Beispiele: Haar – Härchen, Kopf – Köpfchen, Bruder – Brüderchen)
- Die Kinder schreiben alle Diminutive der gefundenen Wörter alphabetisch geordnet ins Heft.
- Führen Sie einen kleinen Wettbewerb durch: Wer findet zuerst die Verkleinerungsform „Gesichtchen" im 1. Kapitel (Seite 10, Zeile 14 / 15)?

KV Seite 24

Söckchens Vorfahren

Hier erfahren die Schüler etwas über die wild lebenden Vorfahren der Hauskatzen. Zeigen Sie zum Einstieg Bilder einer Europäischen Wildkatze und einer Falbkatze. Lassen Sie die Kinder vermuten, von wem die Hauskatzen abstammen. Die richtige Antwort lautet: von der Falbkatze.

In der letzten Aufgabe machen sich die Schüler mit den Besonderheiten einiger Katzenrassen, wie der Schottischen Faltohrkatze, vertraut.

Lösung

Aufgabe 2:

1. Die Vorfahren der Hauskatze heißen Falbkatzen.
2. Seit etwa 10 000 Jahren leben Katzen mit Menschen zusammen.
3. Den Menschen gefiel, dass die Katzen durchs Jagen ihre Ernte schützten und sie ihr Fell als Pelz nutzen konnten.

Aufgabe 3:

Die Russisch-Blau-Katze fällt durch ihren bläulichen Pelz auf.
Die Britisch-Kurzhaar-Katze stammt aus England.
Die Norwegische Waldkatze hat ein dickes, zotteliges Fell.
Die Schottische Faltohrkatze hat eingeknickte Ohren.

Weiterführende Anregung

Kinder, in deren Familie eine Rassekatze lebt, beschreiben ihr Haustier und zeigen Fotos.

Die Verwandten der Katze

Auf diesem Arbeitsblatt begegnen die Schüler einigen größeren Vertretern der Katzenfamilie. Das Rätsel motiviert auch leistungsschwächere Kinder. Die dritte Aufgabe eignet sich gut als Hausaufgabe. Die Schüler recherchieren Informationen zu einer Raubkatze ihrer Wahl und stellen sie der Klasse in einem kurzen Referat vor.

Raubkatzen werden in Kleinkatzen und Großkatzen unterteilt. Entscheidend ist jedoch nicht die Körpergröße, sondern ein anatomisches Merkmal: Nur Großkatzen, zu denen Tiger, Löwe, Leopard und Jaguar zählen, können dank ihres elastischen Zungenbeins brüllen. Weil er keine Brülllaute von sich gibt, gehört der Puma trotz seiner Größe zusammen mit Wildkatze und Gepard zu den Kleinkatzen.

Lösung

Aufgabe 1:

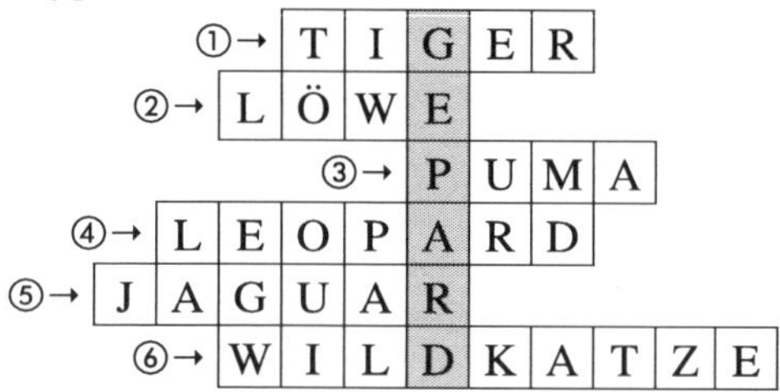

Aufgabe 2:
Der GEPARD ist das schnellste Landtier.

Weiterführende Anregungen

- Die Schüler malen eine der Raubkatzen.
- Im Internet oder in Tierbüchern suchen die Kinder nach weiteren Raubkatzen. (Beispiele: Luchs, Nebelparder, Fischkatze, Serval, Ozelot)
- Gehen Sie näher auf die Europäische Wildkatze ein. Sie galt vor hundert Jahren in Deutschland als nahezu ausgestorben. Doch dank verschiedener Auswilderungsprojekte gibt es inzwischen wieder etliche Populationen in fast allen größeren Waldgebieten. Wildkatzen jagen in erster Linie Mäuse.
- Vergleichen Sie anhand von Bildern das Aussehen einer Europäischen Wildkatze und einer getigerten Hauskatze. Gehen Sie auf charakteristische Unterschiede ein: Die Wildkatze ist größer. Ihr Schwanz ist buschig, hat mehrere dunkle geschlossene Ringe und ein stumpfes, schwarzes Ende. Hauskatzen haben einen spitzen Schwanz, dessen Ringe nicht geschlossen sind.

KV Seite 26

Wo ist Söckchen?

Die Schüler vollziehen die Strecke nach, die Lilli bei ihrer Suche und Verfolgung der Katze im 3. Kapitel zurücklegt, bis sie schließlich das Versteck von Söckchen entdeckt. Neben dem Textverständnis wird durch das Einzeichnen der Linien auch die Feinmotorik trainiert. Das Lösungswort ermöglicht die Selbstkontrolle.

Abschließend machen sich die Kinder ein Schlüsselproblem der Geschichte bewusst: Die Katzenfamilie hat ausgerechnet den Garten der Zwillinge Jannik und Fabian, die Lilli so oft ärgern, als Zuhause gewählt.

Lösung

Aufgaben 1 und 2:
Lösungswort: BRATWURST

Aufgabe 3:
Söckchen und ihre Jungen sind unter dem Kaminholz hinter dem Gartenhaus der Nachbarn zu Hause.

Aufgabe 4:
siehe Hinweise zur Kopiervorlage

Weiterführende Anregung

Die Schüler überlegen, welche Gedanken Lilli durch den Kopf gehen könnten, nachdem sie das Versteck der Katzen entdeckt hat. Sie entwerfen zwei verschiedene Szenarien. Erstes Szenario: Lilli ist ängstlich (z. B. „Ich traue mich nicht, Fabian und Jannik zu fragen, ob ich in ihrem Garten nach den Katzen schauen darf. Leider kann ich die Tiere nur mit dem Fernglas beobachten."). Zweites Szenario: Lilli ist mutig (z. B. „Ich klingle bei den Zwillingen und bitte sie, zusammen mit mir nach den Katzen zu sehen. Damit sie mich nicht wieder ärgern, bringe ich ihnen eine Süßigkeit mit.").

Versteckte Wörter

Im 3. Kapitel kommen einige lange Wörter und zusammengesetzte Nomen vor. Auf diesem Arbeitsblatt üben die Schüler das Erkennen von Silben und das Bilden von Wörtern und Sätzen. So vertiefen sie ihr Verständnis der Sprachstruktur.

Lösung

Aufgaben 1 und 2:
vier Silben: der Nachbargarten
drei Silben: das Gartenhaus, das Kaminholz
zwei Silben: das Baby, die Einfahrt, das Grundstück

Aufgabe 3:
z. B. die Hausaufgaben, die Samtpfoten, die Siedlung

Aufgabe 4:
z. B. Lilli späht in den Nachbargarten.
Die Katzen verstecken sich unter dem Kaminholz.
Söckchen flitzt in die Einfahrt.

4. bis 6. Kapitel (Seite 24 bis 42): **Es gibt viel zu tun**

Inhalt

Beim Abendessen erzählt Lilli den Eltern von ihrer Vermutung, dass die Streunerkatze Söckchen im Nachbargarten wohnt und dort Junge hat. Der Vater verspricht, den örtlichen Katzenschutzverein um Unterstützung zu bitten.

Am nächsten Tag erhält Lilli Besuch von Frau Wege. Die Tierschützerin informiert das Mädchen und seine Mutter über streunende Katzen und die Gefahren, denen sie ausgesetzt sind. Vom Fenster aus beobachten Lilli und die beiden Frauen die Katzenmutter und ihre drei Babys. Als Frau Wege dem kleinsten Katzenkind wenig Überlebenschancen einräumt, festigt sich in Lilli der Wunsch, den Katzen zu helfen. Die Tierschützerin schlägt vor, Futter neben die Hecke zu stellen, die an das Nachbargrundstück grenzt. Außerdem erklärt sie, wie die Katzenmutter für eine Operation eingefangen werden kann.

Lilli und ihre Mutter besorgen das Futter und die Näpfe. Frau Wege leiht ihnen eine Katzenfalle. Lilli freut sich, als die Tiere zum Fressen in ihren Garten kommen und nach und nach Vertrauen zu ihr fassen.

Eines Nachmittags werden die Nachbarsjungen auf Lilli und die Katzen aufmerksam und stellen neugierige Fragen. Doch statt über ihre Rettungsaktion aufzuklären, flüchtet Lilli weinend ins Haus.

Gesprächs- und Schreibanlässe

- Kennst du einen Tierschutzverein oder ein Tierheim? Erzähle.
- Wie möchte Lilli den Katzen helfen? Hast du schon einmal einem Tier geholfen?
- Warum ist Lillis Geduld beim Einfangen der Katzen hilfreich? Wann musstest du schon einmal geduldig sein?

Hinweise zu den Kopiervorlagen

Tierfreunde
Indem die Schüler die Aussagen aus dem 4. Kapitel den passenden Figuren zuordnen und in der richtigen Reihenfolge nummerieren, trainieren sie das sinnentnehmende Lesen und vollziehen das Gespräch zwischen Lilli und ihren Eltern nach. Erleichtert wird die Aufgabe, wenn die Kinder den entsprechenden Abschnitt aus der Lektüre vorher mit verteilten Rollen lesen. Der Lösungssatz dient der Selbstkontrolle.

Lösung
Aufgabe 1:
Lilli (rot): „Sie sieht schrecklich dünn aus. Ich würde ihr so gern helfen." / „Aber wenn sie krank ist, müssen wir ihr doch umso mehr helfen." / „Oh, fragst du die Leute von diesem Verein, bitte? Bestimmt wissen die, was Söckchen jetzt braucht."
Lillis Mutter (grün): „Dagegen spricht grundsätzlich nichts. Allerdings solltest du sie besser nicht anfassen. Sie ist bestimmt nicht geimpft und hat womöglich Krankheiten."
Lillis Vater (blau): „In der Zeitung hab ich neulich gelesen, dass der Katzenschutzverein um Spenden bittet. Vielleicht kümmert der sich ja auch um Katzen, für die sich sonst niemand interessiert?" / „Versprochen."

Aufgabe 2:
Lösungssatz: Streunerkatze in Not!

Wer kümmert sich um Katzen?
Hier üben die Kinder die Konjugation von (reflexiven) Verben aus dem Wortfeld „helfen". Für leistungsstärkere Schüler können Sie die vorgegebenen Formen vor dem Kopieren abdecken. Anschließend werden die Personalformen in Sätzen verwendet.

Lösung
Aufgabe 1:

	helfen	sich kümmern	sich sorgen
ich	helfe	kümmere mich	sorge mich
du	hilfst	kümmerst dich	sorgst dich
er/sie/es	hilft	kümmert sich	sorgt sich
wir	helfen	kümmern uns	sorgen uns
ihr	helft	kümmert euch	sorgt euch
sie	helfen	kümmern sich	sorgen sich

Aufgabe 2:
z. B. Ich helfe der Katze.
Wir kümmern uns um die Katzen, für die sich sonst niemand interessiert.
Sie sorgen sich um ihre Gesundheit.

Weiterführende Anregungen
- Die Kinder sammeln weitere Verben zum Wortfeld „helfen", z. B. unterstützen, mitarbeiten, retten.
- Im Sitzkreis konjugieren die Schüler die Verben. Ein Kind erhält einen Ball und beginnt mit „ich" und einem

beliebigen Verb aus dem Wortfeld „helfen" in der 1. Person Singular. Dann wirft es den Ball einem Mitschüler zu, der die 2. Person Singular nennt, usw.

Hilfe für streunende Katzen

Ein kurzer Sachtext bietet den Schülern Informationen, wie Tierheime und Tierschutzvereine streunende Katzen versorgen und medizinisch behandeln. Klären Sie ggf. unbekannte Begriffe gemeinsam im Plenum, z. B. „Parasiten" und „Revier". Parasiten sind Tiere oder Pflanzen, die einseitigen Nutzen aus dem Zusammenleben mit anderen Lebewesen ziehen und diesen oft Schaden zufügen. Als Revier bezeichnet man den Bereich, den Tiere als ihr persönliches Wohn- und Jagdgebiet betrachten und in dem sie keine Eindringlinge dulden.

In den folgenden Aufgaben wird zum einen das Textverständnis überprüft und zum anderen der Umgang mit Fragewörtern geübt. Die Kinder bilden Fragen zum Gelesenen, die sie in ihrem Heft beantworten.

Lösung

Aufgabe 2:

1. Wer kümmert sich um streunende Katzen?
2. Wo werden sie gefüttert?
3. Was wird mit den Katzen nach dem Einfangen gemacht?
4. Wie groß ist ein Mikrochip?
5. Warum ist eine Kastration wichtig?
6. Wann dürfen die Katzen wieder zurück in ihr Revier?

Aufgabe 3:

1. Tierheime und Tierschutzvereine kümmern sich um streunende Katzen.
2. Streunende Katzen werden an kontrollierten Futterstellen gefüttert.
3. Nach dem Einfangen werden die Katzen medizinisch versorgt, geimpft und bekommen einen Mikrochip.
4. Ein Mikrochip ist etwa so groß wie ein Reiskorn.
5. Eine Kastration ist wichtig, damit sich die Katzen nicht immer weiter vermehren.
6. Wenn sich die Katzen erholt haben, dürfen sie wieder zurück in ihr Revier.

Weiterführende Anregungen

- Schüler, in deren Familie ein Hund oder eine Katze lebt, erzählen, ob ihr Haustier einen Mikrochip erhalten hat und warum das notwendig war. Mögliche Gründe: Der Chip wird bei Reisen in ein anderes Land verlangt. / Das Tier kann identifiziert werden, wenn es z. B. entlaufen ist oder von einem Auto angefahren wurde.
- Die Kinder überlegen, welche Fragewörter es noch gibt, und bilden damit weitere Fragen zum Text. Im Klassenverband werden diese beantwortet.

Die Katzenretterin

In der Tageszeitung wird hin und wieder über Hilfsaktionen für Tiere berichtet. Der Text dieses Arbeitsblatts basiert auf dem Artikel „Ella päppelt Kätzchen auf" (erschienen am 7. Juli 2021 auf der Kinderseite „Capito" der Augsburger Allgemeinen). Darin erzählt die 13-jährige Ella, wie sie sich um verwaiste Katzenjunge kümmert.

Die Schüler betätigen sich als Redakteure, indem sie den Bericht mit vorgegebenen Zwischenüberschriften versehen.

Lösung

Aufgabe 2:

Verwaiste Katzenbabys
Die 13-jährige Ella hilft einem Tierschutzverein, junge Katzen aufzupäppeln, die keine Mutter mehr haben. (...)
Das Katzenzimmer
Bis sich die Tiere an Ella und ihre Familie gewöhnt haben, wohnen sie in einem eigenen Zimmer. (...)
Ernährung in den ersten Tagen
Anfangs bekommen die kleinen Katzen eine Aufzuchtmilch zu trinken. (...)
Nahrung für größere Kätzchen
Wenn sie größer sind, erhalten die Tiere püriertes Hähnchen aus Gläsern für Babys (...)
Wasser statt Kuhmilch
Kuhmilch dürfen die Kätzchen nicht trinken, weil sie diese nicht vertragen. (...)
Wiegen mit der Küchenwaage
Damit Ella beurteilen kann, ob die kleinen Katzen an Gewicht zunehmen (...)
Alt genug für eine neue Familie
Mit etwa zwölf Wochen ziehen die Katzenkinder dann in neue Familien um.

Weiterführende Anregungen

- Die Schüler malen ein passendes Bild zu dem Zeitungsartikel.
- Die Kinder berichten über andere Tierrettungsaktionen, von denen sie gehört oder in der Zeitung gelesen haben.

- Sprechen Sie mit den Schülern darüber, dass die Regionalzeitung ein gutes Medium ist, um nach abzugebenden oder verschwundenen Katzen zu suchen. Außerdem erfährt man darin ggf., ob ein Tierheim oder ein Tierschutzverein Unterstützung – auch von Kindern – benötigt.

Der Plan

Im 5. Kapitel erklärt Frau Wege Lilli, wie sie Söckchen und ihren Jungen helfen kann. Die Schüler nummerieren die Sätze in der richtigen Reihenfolge und beweisen so ihr Textverständnis. Dafür können sie die Lektüre zu Hilfe nehmen.

Lösung

Aufgaben 1 und 2:

Lösungswort: KATZENRETTUNG

Meine Katzenfamilie

Diese Bastelaufgabe eignet sich sehr gut für den Kunst- oder Werkunterricht. Das Grundmaterial (vier Klopapierrollen) gibt es in jedem Haushalt. So erfahren die Schüler, dass man Abfallprodukte sinnvoll wiederverwenden kann.

Die fertigen Katzen werden im Klassenzimmer ausgestellt und gemeinsam begutachtet. Sie lassen sich auch als Fingerpuppen für Rollenspiele einsetzen.

Weiterführende Anregungen

- Nutzen Sie die Katzenfiguren für das Spiel „Fang die Maus". Die Kinder basteln dazu Mäuse aus Walnussschalen, Filz und Wollfäden. Eine Bastelanleitung und die Spielregeln finden Sie online unter: *www.schule-und-familie.de/basteln/selbst-gebastelte-spiele/spiel-basteln-fang-die-maus.html.*
- Teilen Sie den Schülern, die die Bastelarbeit schnell erledigt haben, eine Kopie von James Krüss' Gedicht „Kleine Katzen" aus. Nachdem die Kinder den Text gelesen haben, unterstreichen sie alle Adjektive.

Auf Beobachtungsposten

Mit diesem Arbeitsblatt wird nicht nur das Textverständnis des 6. Kapitels geprüft, sondern auch die Verwendung von Verben geübt. Zunächst ergänzen die Schüler Sätze aus der Lektüre mit den passenden Verben in der 3. Person Singular oder Plural. In der zweiten Aufgabe erraten sie weitere Verben.

Lösung

Aufgabe 1:

1. Plötzlich bewegt sich etwas in den Büschen.
2. Söckchen schleicht sich vorsichtig an die Näpfe heran.
3. Beide Tiere schnuppern an dem Katzenfutter.
4. Söckchen und das schwarze Junge beginnen sofort zu fressen.
5. Die Katzen putzen sich selbst und einander.
6. Es knackt auf der anderen Seite der Mauer.
7. Alle vier verschwinden blitzschnell in den Büschen.

Aufgabe 2:

1. Die Katze lauert vor dem Mauseloch.
2. Der Kater springt auf den Gartentisch.
3. Die Kätzchen schnurren, wenn sie gestreichelt werden.
4. Die Nachbarskatze klettert auf den Apfelbaum.

Lilli wird entdeckt

Die Schüler beweisen ihre Textkenntnis des 6. Kapitels, indem sie die Sprechblasen jeweils dem richtigen Zwilling zuordnen. Anschließend versetzen sie sich in Lilli hinein und machen sich Gedanken, was sie den Nachbarsjungen erwidern könnte, wenn sie etwas mehr Mut hätte.

Lösung

Aufgabe 1:

Fabian: „Siehst du! Hab ich doch recht gehabt: Hier geht was vor sich." / „Sag bloß, du willst sie einfangen, weil du ein Kuscheltier haben möchtest?"

Jannik: „Was machst du denn mit den Katzen?" / „Das da vorn ist eine Falle, oder?"

Aufgabe 2:

z. B. „Die Katzen brauchen meine Hilfe, weil sie sonst verhungern. Ihr könntet euch mit mir um sie kümmern. Was es mit der Falle auf sich hat, erkläre ich euch gern, wenn ihr wollt."

Weiterführende Anregung

Die Kinder erzählen von Situationen, in denen sie bei etwas entdeckt wurden, was sie lieber für sich behalten hätten. Sie berichten, wie sie sich dann verhalten haben.

7. bis 9. Kapitel (Seite 43 bis 64): **Alles wird anders**

Inhalt

Die Katzenfamilie fasst immer mehr Vertrauen zu Lilli. Schließlich lässt sie die Falle hinter Söckchen zuschnappen. Zusammen mit ihrer Mutter bringt Lilli die Katze anschließend zu einer Tierärztin.

Als Nächstes will das Mädchen die drei Katzenbabys in eine Transportbox locken. Zwei Junge nehmen das in der Kiste bereitgestellte Futter gern an. Doch ihr Geschwisterchen Minni ist nirgends zu sehen. Von ihrem Zimmerfenster aus entdeckt Lilli, was der Grund sein könnte: Der Holzstoß im Nachbargarten ist in sich zusammengebrochen. Das Mädchen befürchtet, dass Minni nicht aus ihrem Versteck herauskann, weil der Zugang versperrt ist.

Lilli vergisst ihre Schüchternheit und klingelt bei den Nachbarn. Zunächst reagieren Jannik und Fabian verständnislos. Doch als sie merken, wie ernst es Lilli ist, helfen sie mit, Minni aus dem Holzstapel zu befreien.

Durch die gemeinsame Rettungsaktion freunden sich Lilli und die Zwillinge an. Von nun an besuchen sie die Katzenfamilie täglich im Katzenhaus des Vereins. Minnis Geschwister finden bald ein neues Zuhause bei einem netten Ehepaar. Gemeinsam mit Jannik und Fabian gelingt es Lilli, ihre Eltern zu überzeugen, dass sie Söckchen und Minni behalten darf. So gibt es nicht nur ein Happy End für die Katzen, sondern auch für Lilli.

Gesprächs- und Schreibanlässe

- Warst du schon einmal dabei, als ein Haustier zum Tierarzt gebracht wurde? Erzähle.
- Wie kommt es dazu, dass Lilli ihre Angst vor den Nachbarsjungen überwindet? In welcher Situation warst du schon einmal richtig mutig?
- Was müssen die Zwillinge bei der Katzenbetreuung beachten, wenn Lilli verreist ist?

Hinweise zu den Kopiervorlagen

KV Seite 36

Fortschritte

Lillis Geduld zahlt sich aus: Die Katzen werden immer zutraulicher. Auf dem Arbeitsblatt stellen die Schüler ihr Textverständnis des 7. Kapitels unter Beweis. Mit dem Lösungswort können sie ihre Antworten selbst kontrollieren.

Die dritte Aufgabe ist spielerisch gestaltet. Die Kinder finden heraus, welcher Buchstabe im Wortrad eingesetzt werden muss, damit ein sinnvoller Begriff entsteht.

Lösung

Aufgaben 1 und 2:
Lösungswort: VERTRAUEN

Aufgabe 3:
TIERFALLE

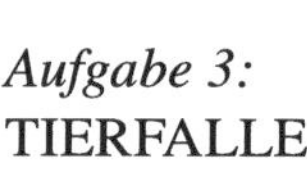

Weiterführende Anregungen

- Die Schüler, die zu Hause eine Katze haben, erzählen vom richtigen Umgang mit ihr. So muss man immer die Hinterbeine stützen, wenn man sie hochnimmt. Katzen sind sehr eigenwillig, deshalb sollte man sie nicht zum Spielen drängen. Da sie keine Hektik mögen, ist es gut, in ruhigem Tonfall mit ihnen zu sprechen.
- Auch Hunde sind beliebte Haustiere. Bringen Sie die unterschiedlichen Verhaltensweisen von Katzen und Hunden zur Sprache. Legen Sie dafür an der Tafel oder auf dem Whiteboard eine Tabelle mit zwei Spalten an („Katze"/„Hund"). Sammeln Sie die Beiträge der Kinder zu verschiedenen Schlagworten. Beispiele: „Jagd" – Katze: Schleichjäger, Hund: Hetzjäger; „Sozialverhalten" – Katze: Einzelgänger, Hund: Rudeltier.

KV Seite 37

Schnurren, murren, gurren

Hier gilt es zunächst, in einer Reihe von sich reimenden Verben jeweils das Wort zu erkennen, das keinen Sinn ergibt. Dies wird vermutlich nicht allen Kindern leichtfallen, da auch Wörter vorkommen (z. B. weichen, tagen), die nicht zu ihrem aktiven Wortschatz gehören. In der zweiten Aufgabe suchen die Schüler im Gitterrätsel Verben, die zum Verhalten von Katzen passen. Abschließend bilden sie mit diesen Begriffen ganze Sätze.

Lösung

Aufgabe 1:
schnurren murren gurren surren ~~lurren~~
schleichen weichen ~~teichen~~ reichen gleichen
bringen springen klingen ~~tingen~~ singen
~~mecken~~ wecken lecken recken necken
messen ~~lessen~~ stressen fressen pressen
jagen nagen ragen ~~gagen~~ tagen

Aufgabe 2:

S	B	H	O	M	A	C	H	W	Ö	K	M	S	L
J	A	G	E	N	T	B	E	A	T	Z	O	P	A
S	T	H	E	V	E	N	G	T	I	A	S	R	B
I	U	S	C	H	N	U	R	R	E	N	U	I	D
V	R	U	H	K	H	J	T	N	F	E	O	N	K
N	A	L	N	G	F	R	S	A	E	O	W	G	T
H	E	E	T	K	R	S	S	H	L	W	I	E	E
L	S	C	H	L	E	I	C	H	E	N	H	N	X
Ü	R	K	Z	C	S	I	V	T	L	P	M	H	R
N	O	E	P	O	S	E	L	U	T	C	E	A	Ö
C	H	N	E	A	E	R	B	A	K	G	D	R	S
U	I	E	A	N	N	W	E	M	R	A	N	H	L
S	M	H	W	K	O	T	U	D	A	G	W	U	V

Aufgabe 3:
z. B. Die Katze jagt Mäuse.
Der Kater schnurrt, wenn er gestreichelt wird.
Die Katze schleicht durch das Gras.
Die Kätzchen lecken ihre Pfoten.
Der Kater frisst am liebsten Futter aus der Dose.
Die Katze springt auf einen Baum.

Weiterführende Anregung
Die Kinder bilden auch mit anderen sinnvollen Verben aus der ersten Aufgabe Sätze.

Die Falle schnappt zu ...
Nachdem sich die Schüler auf dem Arbeitsblatt „Fortschritte" (Seite 36) mit der langsamen Annäherung der Katzen befasst haben, beantworten sie nun Fragen zum weiteren Verlauf des 7. Kapitels und zur Einfangaktion.

Besprechen Sie die folgende Aufgabe gemeinsam im Plenum: Die Katze wird zunächst Angst empfinden, wenn sie in die Falle gerät. Doch sobald sie ihren Schreck überwunden hat und wieder in einer Umgebung ist, in der sie sich wohlfühlt, kann Lilli ihr Vertrauen zurückgewinnen.

Lösung
Aufgabe 1:
1. Lilli befürchtet, dass Söckchen ihr danach nicht mehr vertraut.
2. Söckchen soll am Nachmittag hungrig sein, damit sie zum Futternapf in der Falle geht.
3. Lilli schießt eine Papierkugel über den Rasen.
4. Die Falle schnappt zu, als Söckchen auf den Auslösemechanismus tritt.
5. Die Katzenjungen flüchten in die Büsche.
6. Lilli und ihre Mutter bringen Söckchen zur Tierärztin.

Aufgabe 2:
siehe Hinweise zur Kopiervorlage

Minni ist in Gefahr
Nomen, Verben und Adjektive aus dem 8. Kapitel sind auf diesem Arbeitsblatt durcheinandergewürfelt. Die Schüler bestimmen die Wortarten und schreiben die Begriffe in alphabetischer Reihenfolge auf.

Anschließend verfassen sie eine kurze Geschichte, in der alle Wörter vorkommen. Leistungsschwächere Kinder können sich am Text der Lektüre orientieren. Leistungsstärkere Schüler versuchen, eigenständig zu formulieren.

Lösung
Aufgaben 1 und 2:
Nomen (blau): Hilfe, Holzstoß, Katzenkind, Unfall
Verben (rot): einklemmen, verschütten, verstummen, zögern
Adjektive (grün): grün, schmal, schnell, selbstbewusst

Aufgabe 3:
z. B. Lilli hat Angst, dass das Katzenkind im Versteck eingeklemmt wurde. Ihr Herz schlägt rasend schnell. Sie vermutet, dass der Unfall beim Fußballspielen passiert ist. Die Zwillinge sind verblüfft, als Lilli sie um Hilfe bittet. „Eine meiner Katzen ist unter dem Holzstoß verschüttet", erklärt Lilli. Die beiden Jungen wundern sich, dass Lilli so selbstbewusst auftritt, und verstummen. Jannik hilft Lilli, die Holzscheite zur Seite zu räumen. Fabian zögert kurz, aber dann macht er auch mit. Aus einem schmalen Spalt zwischen Gartenhaus und Stapel schauen sie zwei grüne Augen an.

Weiterführende Anregungen
- Jeweils ein Kind liest seine Geschichte vor. Die anderen Schüler prüfen, ob alle vorgegebenen Wörter darin enthalten sind.

- Die Kinder diskutieren, über welche Aussage der Zwillinge sich Lilli wohl am meisten freut. Antwort: „Ich wusste gar nicht, dass du so viel Mut hast."
- Die Schüler überlegen, wie sich das Verhältnis zwischen Lilli und den Nachbarsjungen jetzt weiterentwickeln könnte.

KV Seite 40

Alles doppelt
Bei dem Gitterrätsel sind lauter Wörter mit doppelten Konsonanten gesucht. Alle Begriffe kommen in der Lektüre vor. Da sich manche Wörter vielleicht nicht auf Anhieb erschließen, bietet sich Partnerarbeit an. Fragen Sie die Kinder, was immer vor einem doppelten Mitlaut (Konsonanten) steht. Die Antwort lautet: ein kurzer Selbstlaut (Vokal).

Lösung
Aufgabe 1:

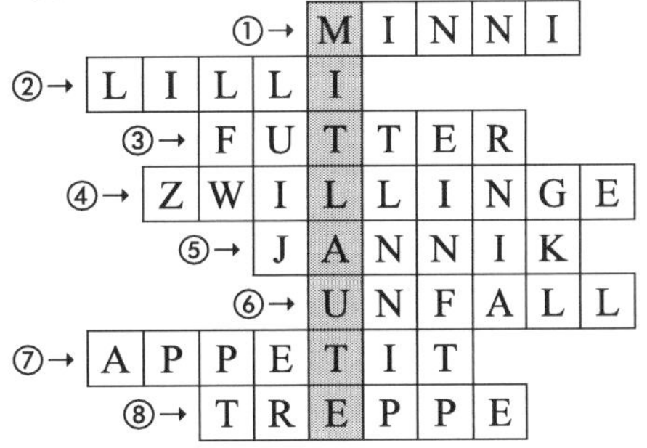

Aufgabe 2:
Bei den doppelten Buchstaben handelt es sich um MITLAUTE.

Weiterführende Anregungen

- Die Schüler suchen im 8. Kapitel nach anderen Wörtern mit Konsonantenverdopplung. (Beispiele: entschlossen, fressen, Strichmännchen)
- Spielen Sie mit der Klasse das „Mitlaut-Spiel". Geben Sie die Anzahl der Begriffe mit doppelten Konsonanten auf einer bestimmten Buchseite vor. Die Kinder treten in zwei Gruppen gegeneinander an. Die Gruppe, die zuerst alle gesuchten Wörter gefunden hat, gewinnt. Das Spiel funktioniert auch in Partnerarbeit.

Ich kenn mich aus mit Katzen

Vielleicht hat Lillis Aufnahme von Söckchen und Minni bei einigen Schülern den Wunsch geweckt, selbst eine Katze zu halten. Auf diesem Arbeitsblatt wird auf die Bedürfnisse der Haustiere eingegangen. Sensibilisieren Sie die Kinder dafür, dass die Anschaffung einer Katze gründlich überlegt und vorbereitet sein will. Kein Familienmitglied darf allergisch auf Katzen reagieren. Man muss viel Zeit aufwenden, damit dem Tier nicht langweilig wird. Futter, Zubehör und der Gang zum Tierarzt sind teuer.

Lösung

Aufgaben 1 und 2:
Katzen benötigen täglich FUTTER.

Wohnungskatzen und Freigänger

Dieses Arbeitsblatt greift das Thema „Katzen als Haustiere" vertiefend auf und stellt unterschiedliche Formen der Haltung vor. Die Schüler erfahren, welche Vorlieben Wohnungskatzen bzw. Freigänger haben und wie man diese berücksichtigen kann.

Lösung

Wohnungskatzen (blau): Damit meiner Katze nicht langweilig wird, spiele ich oft mit ihr. / Meine Katze lebt ausschließlich in der Wohnung. / Auf unserem Balkon ist ein Netz gespannt. So kann unsere Katze nicht abstürzen. / In unserer Wohnung sind Kratzbäume aufgestellt, an denen sich unsere Katze ihre Krallen schärft.
Freigänger (grün): Meine Katze streift durch die Gärten und lauert vor Mauselöchern. / Durch eine Katzenklappe kann mein Tier ins Freie gelangen. / Einmal wurde meine Katze aus Versehen in einem fremden Keller eingesperrt. / Meine Katze verteidigt ihr Revier und kämpft manchmal mit ihren Artgenossen.

Weiterführende Anregung

Die Haltung von Freigängern hat eine Kehrseite: Jedes Jahr fallen Millionen von Vögeln Katzen zum Opfer. Die Kinder überlegen sich Maßnahmen, die dabei helfen, das natürliche Jagdverhalten der Fleischfresser im Zaum zu halten. Man kann den Katzen z. B. ein Glöckchen umhängen, ihnen den Zugang zu Nistplätzen erschweren oder sie mit einem Wasserschlauch aus dem Garten fernhalten. Tipps gibt es auf der Internetseite des Landesbunds für Vogelschutz in Bayern (LBV) e. V. *(www.lbv.de)* unter dem Schlagwort „Katzen".

Im Tierheim wird es eng

Auf den beiden vorherigen Kopiervorlagen haben sich die Schüler mit den Bedürfnissen von Katzen und den Anforderungen an die Haltung auseinandergesetzt. Hier führen sie sich nun vor Augen, welche Folgen die unüberlegte Anschaffung haben kann bzw. warum viele Katzen im Tierheim landen.

In der zweiten Aufgabe sammeln die Kinder in Partnerarbeit Argumente, die für die Aufnahme einer Katze aus dem Tierheim oder einer Züchtung sprechen.

Lösung

Aufgabe 1:

1. Ein Familienmitglied hat eine Katzen<u>allergie</u>.
2. Der <u>Besitzer</u> der Katze ist gestorben.
3. Die Katze verträgt sich nicht mit den anderen <u>Haustieren</u>.
4. Es steht ein <u>Umzug</u> in eine kleinere Wohnung an. Dort ist kein Platz für die Katze.

Aufgabe 2:
z. B. Ich entscheide mich für eine Katze aus dem Tierheim, weil ich einem vom Vorbesitzer nicht gut behandelten Tier ein neues, besseres Leben geben möchte / die Katze meist schon stubenrein ist.
Ich möchte lieber eine Katze vom Züchter haben, weil sie genau so aussieht, wie ich sie mir vorgestellt habe / ich mich vorher informieren kann, ob der Charakter der Katze zur Familie passt.

Weiterführende Anregung

Die Kinder nennen zusätzliche Gründe, warum Katzen in einem Tierheim untergebracht werden. Beispiele: Die Katze ist verhaltensauffällig. Die Halter haben keine Zeit oder Lust mehr, sich um die Katze zu kümmern. Die Besitzer können die Haltungskosten nicht mehr bezahlen.

In der Bastelwerkstatt

Diese Kopiervorlage kann zur Auflockerung zwischendurch oder im Kunst- bzw. Werkunterricht zum Einsatz kommen. Lassen Sie die Schüler zwischen den beiden Vorschlägen wählen.

Kinder, in deren Familie eine Katze lebt, werden Freude daran haben, ein Spielzeug für sie herzustellen. Das „Katzenhaus“ berücksichtigt den Trieb der Tiere, sich zu verstecken und mit beweglichen Dingen zu spielen.

Schüler, die keinen direkten Kontakt mit Katzen haben, setzen die zweite Idee um. Sie sammeln Kieselsteine, die einem Katzenkopf ähneln, und bemalen diese mit Acrylfarbe.

Weiterführende Anregung
Die Kinder stellen andere Spielsachen für Katzen her, z. B. eine „Angel“ aus einem Zweig, an dem ein paar Federn oder eine Papierkugel befestigt werden.

Nach der Lektüre

Mit den Arbeitsblättern in diesem Abschnitt vollziehen die Schüler die Handlung der Lektüre und die Entwicklung der Hauptfigur Lilli anhand von Bildern und Schlüsselsätzen noch einmal nach. Außerdem machen sie sich Gedanken, wie die Geschichte weitergehen könnte. Ein Memospiel und ein einfach umsetzbares Rezept für einen Nachtisch mit Katzenzungen (Löffelbiskuits) runden das Unterrichtsmaterial ab.

Hinweise zu den Kopiervorlagen

Die Geschichte in Bildern
Die Kopiervorlage bildet acht Illustrationen aus dem Buch ab. Indem die Kinder sie in die richtige Reihenfolge bringen und mit einer passenden Bildunterschrift versehen, führen sie sich den Handlungsverlauf der Lektüre noch einmal vor Augen und fassen wichtige Textstellen mit eigenen Worten zusammen.

Die Illustrationen finden Sie im Buch auf den Seiten 6, 11, 23, 26, 44, 54, 58 und 64.

Lösung
1. Jannik und Fabian ärgern Lilli auf dem Schulhof.
2. In der Hecke entdeckt Lilli neben dem Salamibrot von Fabian eine Katze.
3. Lilli folgt Söckchen bis zu ihrem Versteck nebenan.
4. Die Tierschützerin Frau Wege erzählt Lilli einiges über Streunerkatzen.
5. Söckchens Kinder fassen Vertrauen zu Lilli und spielen mit ihren Schnürsenkeln.
6. Lilli befürchtet, dass Minni unter dem Holz im Nachbargarten verschüttet ist.
7. Jannik und Fabian helfen Lilli, das Holz wegzuräumen und Minni zu befreien.
8. Lilli ist glücklich, denn sie darf Söckchen und Minni behalten.

Lilli wird immer mutiger
Im Laufe der Lektüre legt Lilli ihre Ängstlichkeit und Schüchternheit Stück für Stück ab und gewinnt immer mehr Mut und Selbstvertrauen. Schlüsselsätze zu den neun Kapiteln zeigen ihre Entwicklung. Die Schüler bringen die Satzstreifen in die richtige Reihenfolge und kleben sie in ihr Heft. Neben dem Abfragen des Textverständnisses wird dabei auch die Feinmotorik geübt.

Danach überlegen die Kinder, wie die Geschichte weitergehen könnte. Stellen Sie ggf. vorab Fragen zu verschiedenen Aspekten der Handlung, um die Aufgabe zu erleichtern, z. B.: Wie entwickelt sich die Freundschaft zwischen Lilli und den Zwillingen? Was erleben sie zusammen? Wie ergeht es Söckchen und Minni bei Lilli? Werden die Kinder die beiden anderen Katzen, Blacky und Samti, wiedersehen?

Lösung
Aufgabe 1:
1. Lilli hat keine wirklichen Freundinnen (...)
2. Lilli wünscht sich, sie hätte genug Mut (...)
3. „Meine Güte“, flüstert Lilli der Katze (...)
4. Lilli freut sich über Frau Weges Lob (...)
5. Im Gespräch mit Frau Wege traut sich Lilli (...)
6. Beim Einkaufen mit ihrer Mutter schiebt Lilli (...)
7. Nachdem Frau Wege den Plan zur Katzenrettung (...)
8. Als sie vor der Haustür der Kampmanns steht (...)
9. Die drei Freunde gehen gemeinsam zur Schule (...)

Aufgabe 2:
individuelle Lösung

Weiterführende Anregungen
- Die Schüler malen hinter die Satzstreifen Smileys mit einem traurigen oder einem lachenden Gesicht.
- Über jeden Satz schreiben die Kinder die dazugehörige Kapitelnummer und Kapitelüberschrift.

Naschkatze
In unserer Alltagssprache gibt es viele Begriffe, die mit „Katze“ oder „Kater“ gebildet werden, auch wenn sie nicht direkt etwas mit dem Tier zu tun haben. Nachdem die Schüler bereits in der Überschrift einem

solchen Wort begegnet sind, folgen weitere Begriffe, denen Erklärungen zugeordnet werden müssen. Begriff und Erklärung stehen auf der Kopiervorlage jeweils untereinander.

Die Kinder malen die Katzen von zusammengehörigen Paaren in derselben Farbe an und schneiden die Karten des Memospiels aus. Nun bilden sie Zweiergruppen. Wer am Ende des Spiels mehr Pärchen aus Begriff und Erklärung gesammelt hat, hat gewonnen.

Weiterführende Anregungen

- Die Schüler zählen Begriffe auf, in denen Tiernamen vorkommen. Beispiele: Hundstage (besonders heiße Tage im Sommer), Eselsbrücke (Merkhilfe), Löwenanteil (die größte Portion).
- Führen Sie mit den Kindern ein Gedächtnisspiel durch. Teilen Sie dazu die Klasse in zwei Gruppen ein. Nun lesen Sie eine Erklärung vom Arbeitsblatt vor. Wer den dazugehörigen Begriff auswendig nennen kann, dessen Gruppe bekommt einen Punkt.

Nachtisch mit Katzenzungen

Auf der vorherigen Kopiervorlage „Naschkatze" (Seite 47) haben die Schüler gelernt, was man unter „Katzenzunge" versteht. Das Rezept motiviert sie dazu, einen Nachtisch aus Katzenzungen bzw. Löffelbiskuits herzustellen. Erklären Sie den Kindern, dass die Bezeichnung „Katzenzunge" für Löffelbiskuits aus dem Französischen kommt („langue de chat").

Das einfache Rezept kann mit der ganzen Klasse in der Schulküche umgesetzt werden. Vorab ergänzen die Schüler die einzelnen Zubereitungsschritte mit den passenden Verben. Dabei üben sie die Verwendung des Imperativs. Gehen Sie ggf. auch auf die beiden trennbaren Verben ein (steif schlagen, eintauchen).

Lösung

1. Koche den Pudding.
2. Schlage die Sahne mit einem Rührgerät steif.
3. Vermische den abgekühlten Pudding mit der Sahne.
4. Tauche die Katzenzungen in die Milch ein.
5. Wälze jeweils die obere Seite der Katzenzungen in den Kokosstreuseln.
6. Lege die Hälfte der Katzenzungen mit den Kokosstreuseln nach unten auf eine Platte.
7. Fülle die Pudding-Sahne-Mischung in einen Spritzbeutel.
8. Gib etwas davon auf jede Katzenzunge.
9. Verwende die andere Hälfte der Katzenzungen als „Deckel" (mit den Streuseln nach oben).
10. Stelle die Katzenzungen für ein paar Stunden in den Kühlschrank.

Weiterer Unterrichtsvorschlag

Laden Sie eine Mitarbeiterin oder einen Mitarbeiter eines Tierschutzvereins oder Tierheims in den Unterricht ein. Die Schüler erhalten so weitere Informationen über streunende Katzen und die Aufnahme von herrenlosen Tieren.

Internet

Auf der Website *www.tierheime-helfen.de/katzenschutz* wird die Problematik der Straßenkatzen angesprochen und aufgezeigt, wie man ihnen helfen kann.

Sachbuch

Als Ergänzung zum Thema „Katzen" bietet sich aus der Reihe *Schauen und Wissen!* das Kindersachbuch *Die Katze* von Veronika Straaß an (Hase und Igel Verlag, 2015).

Lilli und die Zwillinge

Kreuze jeweils die richtige Antwort an.

Tipp: Lies im 1. Kapitel (ab Seite 5) nach.

1. Lilli ist …
- ☐ schüchtern. (K)
- ☐ mutig. (P)
- ☐ frech. (L)

2. Die Nachbarsjungen heißen …
- ☐ Jörg und Jannik. (E)
- ☐ Jannik und Fabian. (A)
- ☐ Fabian und Jochen. (O)

3. Die Zwillinge …
- ☐ wollen mit Lilli befreundet sein. (K)
- ☐ laden Lilli zum Spielen ein. (L)
- ☐ rufen Lilli dumme Sprüche hinterher. (T)

4. Der Junge …
- ☐ isst das Pausenbrot. (F)
- ☐ wirft es in die Hecke. (Z)
- ☐ gibt es seinem Bruder. (J)

5. Lilli isst …
- ☐ keine Wurst und kein Fleisch. (E)
- ☐ gern Wurst und Fleisch. (A)
- ☐ Fleisch und Gemüse. (U)

Die Buchstaben hinter den richtigen Antworten ergeben ein Lösungswort. Schreibe es auf.

Lösungswort: ____________

Name:

lesen **schreiben** Spracharbeit rätseln malen / basteln

Schrecklich schüchtern?

Lilli ist sehr schüchtern.

Wie gehen sie und ihre Eltern damit um? Verbinde passend.

Lilli •	• tröstet und ermutigt Lilli.
Mama •	• ist es peinlich, dass sie nicht ist wie ihre Mitschüler.
Papa •	• macht sich Sorgen, weil Lilli so oft allein ist.

Was gefällt Lilli an ihrem Vater? Beantworte die Frage in ein bis zwei Sätzen.

____

____

____

In welchen Situationen fühlst du dich schüchtern, in welchen selbstsicher? Kreuze an.

	Ich fühle mich schüchtern.	Ich fühle mich selbstsicher.
Ich komme in eine neue Klasse.		
Ich treffe mich mit meinen Freunden.		
Zum ersten Mal gehe ich allein einkaufen.		
Weil ich mich verlaufen habe, muss ich jemanden nach dem Weg fragen.		
Ich passe auf meinen kleinen Bruder / meine kleine Schwester auf.		
Ich gehe mit meinen Eltern ins Schwimmbad.		

Streuner- und Hauskatzen

Lilli unterhält sich mit ihrer Mutter über streunende Katzen.

Ergänze die Sätze jeweils mit dem Wort „Streunerkatzen“ oder „Hauskatzen“.

1. ______________ wurden ausgesetzt oder draußen geboren.
2. ______________ stammen aus dem Tierheim oder vom Züchter.
3. ______________ streifen ohne Zuhause durch die Gegend.
4. ______________ haben ein festes Zuhause.
5. ______________ bekommen regelmäßig Futter.
6. ______________ müssen sich ihr Futter selbst suchen.
7. ______________ sind meist sehr scheu.
8. ______________ sind oft anhänglich.
9. ______________ müssen sich allein durchschlagen.
10. ______________ werden von Menschen betreut und gepflegt.
11. ______________ verstecken sich gern in der Wohnung.
12. ______________ verstecken sich manchmal in leeren Gebäuden.

Setze die Silben zu einem Wort zusammen und schreibe es auf. Ergänze anschließend den Satz.

Tipp: Lies im 2. Kapitel (ab Seite 13) nach.

KAR | HY | NI | PER | REN | VO

______________ ernähren sich ausschließlich von ______________.

Name:

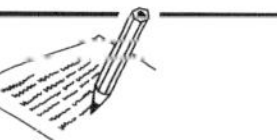

lesen schreiben Spracharbeit rätseln malen/basteln

Die Sinnesorgane der Katze

Setze die fehlenden Wörter ein.

Ohren | riechen | Tasthaare | sehen | hören | Nase | ertasten | Augen

Die Katze kann sehr gut __________. Selbst das leise Rascheln einer Maus im Gras entgeht ihr nicht. Sie nimmt auch hohe Ultraschalllaute wahr, die von Mäusen ausgestoßen werden. Die __________ der Katze lassen sich nach allen Seiten drehen. So findet sie schnell heraus, aus welcher Richtung ein Geräusch kommt.

Die Katze setzt außerdem ihre __________ zur Jagd ein. Sie ist sogar fähig, im Dunkeln zu __________.

Über den Augen und an der Schnauze befinden sich lange __________.

Sie ermöglichen der Katze, ihre Umgebung in der Nacht zu __________.

Mit ihrer empfindlichen __________ kann die Katze auch äußerst gut __________. Sie reibt ihren Kopf an Zaunpfählen und Bäumen. An diesen Duftmarkierungen erkennen andere Katzen, dass schon ein Artgenosse vor ihnen da war.

Beschrifte die Sinnesorgane der Katze. Verwende dafür die Nomen aus dem Lückentext.

Was fressen Katzen?

Die Katze aus dem Buch verschlingt ein Salamibrot.

Was findet man normalerweise auf dem Speiseplan von Katzen? Male grün an.

Tipp: Erinnere dich, was du im 2. Kapitel (ab Seite 13) über die Nahrung von Katzen gelesen hast.

Vögel | Heu | Dosenfutter | Blütenpollen | Mäuse

Blätter | Fische | Insekten | Steine

Lies die Buchstaben in der Klammer von rechts nach links und setze das Wort ein.

Denke an die Groß- und Kleinschreibung.

Katzen sind zwar Fleischfresser. Aber manchmal fressen sie auch (SARG) ______. Danach übergeben sie sich. Auf diese Weise werden sie Haarballen los, die sie beim Putzen des Fells verschluckt haben.

Lies den Text in der Sprechblase. Überlege dann, warum du ausgewachsenen Katzen keine Milch geben solltest. Notiere deine Antwort in ein bis zwei Sätzen in dein Heft.

Als ich klein war, säugte mich meine Mutter mit ihrer Milch. In den ersten Wochen kann ich auch Aufzuchtmilch als Ersatz trinken. Doch jetzt bin ich erwachsen und vertrage keine Milch mehr. Ich bekomme davon Durchfall und Bauchschmerzen. Gib mir deshalb bitte nur Wasser zu trinken.

Name:

lesen schreiben Spracharbeit rätseln malen / basteln

Der Schleichjäger

Wenn die Katze eine Maus entdeckt, schleicht sie sich leise an.

Lies den Text und streiche die falschen fett gedruckten Wörter durch.

Eine Katze hat sich im hohen Gras **versteckt / verlaufen**. Sie scheint aufmerksam etwas zu **fressen / beobachten**. Dann **erhebt / legt** sie sich und bewegt sich im Zeitlupentempo in geduckter Haltung ein paar Schritte nach vorn. Ihr Körper **verlässt / berührt** fast den Erdboden. Nun **schnellt / schlendert** die Katze mit gestreckten Vorderbeinen vorwärts. Sie hat eine Maus **gefangen / verloren**.

Nicht immer frisst die Katze ihre Beute sofort. Warum? Kreuze passend an.

Zwei Antworten sind falsch.

	wahr	falsch
1. Manchmal übt die Katze mit der flüchtenden Maus das Fangen.	J	H
2. Die Katze hat Mitleid und lässt die Maus in Ruhe.	I	A
3. Wenn die Katze Junge hat, bringt sie die lebende Maus zu ihnen. So lernen die Kätzchen, wie man Beute macht.	G	D
4. Zuerst sammelt die Katze ein paar Mäuse, dann frisst sie alle auf einmal.	K	D

Die angekreuzten Buchstaben ergeben von oben nach unten ein Lösungswort. Schreibe es auf.

Lösungswort: ______________

Name:

lesen | schreiben | Spracharbeit | rätseln | malen / basteln

Das ist Söckchen

Fülle die Lücken im Steckbrief aus und male ein Bild von Söckchen.

Tipp: Lies im 1. Kapitel (Seite 10) und im 3. Kapitel (Seite 19) nach.

Söckchen hat ______________ Augen.

Ihr Fell ist ______________ gestreift.

Sie hat vier ______________ Pfoten.

Das Tier wirkt ______________.

Lilli sagt zu Söckchen: „Du bist ja wirklich noch schüchterner als ich." (Seite 21)

Warum meint Lilli das? Schreibe ein bis zwei Sätze in dein Heft.

Ergänze die fehlenden Vokale und bilde die Verkleinerungsform.

Beispiel: die Socke – das Söckchen

die K__tze das ______________

der Z__hn das ______________

die Pf__te das ______________

die W__rst das ______________

die Schn__ze das ______________

Was fällt dir auf? Ergänze den Satz.

Wenn man die Verkleinerungsform bildet, werden aus Vokalen häufig

______________.

Söckchens Vorfahren

Lies den Text.

Hauskatzen stammen von der wild lebenden Falbkatze ab, die heute noch in Nordafrika vorkommt. Forscher haben herausgefunden, dass sich die Katzen vor etwa 10000 Jahren den Menschen angeschlossen haben. Die Tiere jagten die Mäuse in den Kornlagern. So war die Ernte der Bauern nicht in Gefahr. Außerdem nutzten die Menschen das Fell der Katzen als wärmenden Pelz.

In Deutschland leben heute fast sechzehn Millionen Hauskatzen. Sie sind die beliebtesten Haustiere. Insgesamt gibt es etwa hundert Katzenrassen.

Beantworte die Fragen in ganzen Sätzen.

1. Wie heißen die Vorfahren der Hauskatze?

2. Seit wann leben Katzen mit Menschen zusammen?

3. Was gefiel den Menschen an den Katzen?

Katzen sehen sehr unterschiedlich aus. Verbinde die Satzteile passend.

Die Russisch-Blau-Katze	hat ein dickes, zotteliges Fell.
Die Britisch-Kurzhaar-Katze	fällt durch ihren bläulichen Pelz auf.
Die Norwegische Waldkatze	hat eingeknickte Ohren.
Die Schottische Faltohrkatze	stammt aus England.

Name:

lesen **schreiben** Spracharbeit **rätseln** malen/basteln

Die Verwandten der Katze

Zur Familie der Katzen gehören viele Tiere.

Schreibe die gesuchten Begriffe in Großbuchstaben in die Kästchen.

1. Er ist sehr groß und hat Streifen.
2. Das männliche Tier hat eine Mähne.
3. Er wird auch Silberlöwe genannt.
4. Auf seinem hellen Fell sind kleine schwarze Kringel.
5. So heißt auch eine Automarke.
6. Hin und wieder trifft man sie in unseren Wäldern.

Die Buchstaben in den grauen Feldern ergeben von oben nach unten gelesen ein Lösungswort. Trage es ein und vervollständige so den Satz.

Der ☐☐☐☐☐☐ ist das schnellste Landtier.

Sammle weitere Informationen über eine der Raubkatzen und stelle sie deinen Mitschülern in einem Referat vor.

Schau in einem Tierlexikon oder im Internet nach.

 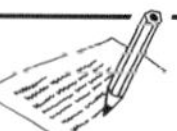   

Name:

Wo ist Söckchen?

Lilli sucht Söckchen, folgt ihr und findet das Versteck der Katze.

Verbinde die Orte in der richtigen Reihenfolge und nummeriere die Stationen.

Tipp: Lies im 3. Kapitel (ab Seite 18) nach.

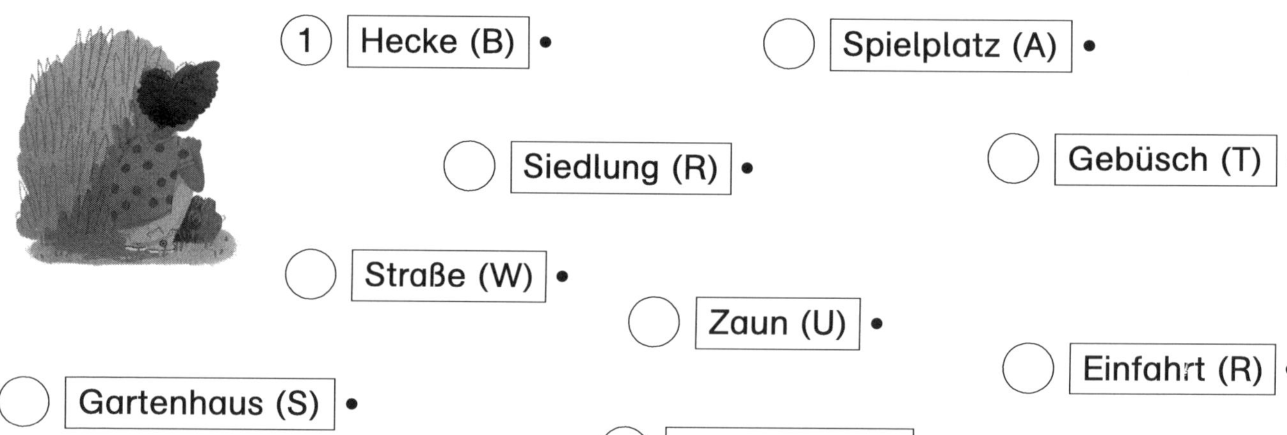

Die Buchstaben hinter den Wörtern ergeben in der richtigen Reihenfolge ein Lösungswort. Schreibe es auf.

Lösungswort: | | | | | | | | | |

Wo sind Söckchen und ihre Jungen zu Hause? Notiere einen vollständigen Satz.

Warum ist Lilli nicht glücklich über den Ort des Unterschlupfs? Sprecht darüber.

Name:

lesen **schreiben** **Spracharbeit** rätseln malen / basteln

Versteckte Wörter

Male jeweils die Silben, die ein Wort ergeben, in derselben Farbe an.

Tipp: Alle Begriffe kommen im 3. Kapitel (ab Seite 18) vor.

TEN NACH BAR GAR

HAUS MIN GAR KA

HOLZ TEN FAHRT BA

BY STÜCK EIN GRUND

Schreibe die Wörter mit Artikel auf.

Denke an die Groß- und Kleinschreibung.

vier Silben: ______

drei Silben: ______

zwei Silben: ______

Finde im 3. Kapitel jeweils ein weiteres Nomen mit vier, drei und zwei Silben. Notiere die Wörter mit Artikel.

______

Wähle drei Wörter von dieser Seite aus und schreibe jeweils einen Satz dazu in dein Heft.

Tierfreunde

Wer sagt was? Rahme ein: Lilli = rot, Lillis Mutter = grün und Lillis Vater = blau.

Sie sieht schrecklich dünn aus. Ich würde ihr so gern helfen. (STREU)

In der Zeitung hab ich neulich gelesen, dass der Katzenschutzverein um Spenden bittet. Vielleicht kümmert der sich ja auch um Katzen, für die sich sonst niemand interessiert? (ZE)

Oh, fragst du die Leute von diesem Verein, bitte? Bestimmt wissen die, was Söckchen jetzt braucht. (IN)

Dagegen spricht grundsätzlich nichts. Allerdings solltest du sie besser nicht anfassen. Sie ist bestimmt nicht geimpft und hat womöglich Krankheiten. (NER)

Aber wenn sie krank ist, müssen wir ihr doch umso mehr helfen. (KAT)

Versprochen. (NOT)

Nummeriere die Sätze in der richtigen Reihenfolge. Die Silben dahinter ergeben der Reihe nach gelesen einen kurzen Lösungssatz. Schreibe ihn auf.

Denke an die Groß- und Kleinschreibung.

Lösungssatz: ______________________________ !

Wer kümmert sich um Katzen?

Frau Wege findet es toll, dass Lilli der Streunerkatze helfen will. Denn es gibt nicht viele Kinder, die sich um streunende Katzen sorgen.

Hilfst du Lilli, die fehlenden Wörter zu finden? Vervollständige die Tabelle.

	helfen	sich kümmern	sich sorgen
ich		kümmere mich	
du			sorgst dich
er / sie / es	hilft		
wir		kümmern uns	
ihr			sorgt euch
sie	helfen		

Ergänze die Sätze. Verwende Fürwörter (Pronomen) und Verben aus der Tabelle.

Tipp: Es sind mehrere Lösungen möglich.

________________ der Katze.

________________ um die Katzen, für die sich sonst niemand interessiert.

________________ um ihre Gesundheit.

Name:

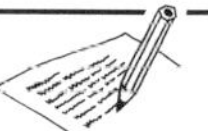

lesen | schreiben | Spracharbeit | rätseln | malen / basteln

Hilfe für streunende Katzen

Lies den Text.

Tierheime und Tierschutzvereine kümmern sich um streunende Katzen. Da die Tiere häufig unterernährt sind, erhalten sie an kontrollierten Futterstellen etwas zu fressen. Streuner haben oft Krankheiten oder Parasiten, die sie auf Hauskatzen übertragen können. Deshalb werden sie eingefangen, medizinisch versorgt, geimpft und bekommen einen Mikrochip. Dieser ist etwa so groß wie ein Reiskorn und wird unter die Haut gespritzt. Auf ihm befindet sich eine Nummer. Mithilfe eines Lesegeräts kann man die Katze wiedererkennen, wenn sie zum Beispiel einen Unfall hat. Manchmal werden die streunenden Katzen operiert, damit sie sich nicht immer weiter vermehren. Diese Operation heißt Kastration. Wenn sich die Katzen erholt haben, lässt man sie wieder in ihrem Revier frei.

Setze jeweils das richtige Fragewort ein und ergänze das fehlende Satzzeichen.

Denke daran: Satzanfänge schreibt man groß.

wie | was | wann | wer | wo | warum

1. ________ kümmert sich um streunende Katzen ☐
2. ________ werden sie gefüttert ☐
3. ________ wird mit den Katzen nach dem Einfangen gemacht ☐
4. ________ groß ist ein Mikrochip ☐
5. ________ ist eine Kastration wichtig ☐
6. ________ dürfen die Katzen wieder zurück in ihr Revier ☐

Beantworte die Fragen in ganzen Sätzen. Schreibe in dein Heft.

Name:

lesen schreiben Spracharbeit rätseln malen/basteln

Die Katzenretterin

Lies den Text über Ella und die Katzenkinder.

Die 13-jährige Ella hilft einem Tierschutzverein, junge Katzen aufzupäppeln, die keine Mutter mehr haben. Allerdings nehmen sie und ihre Familie nur Tiere auf, die schon selbstständig fressen können. Neugeborene Katzenbabys versorgt der Tierschutzverein.

Bis sich die Tiere an Ella und ihre Familie gewöhnt haben, wohnen sie in einem eigenen Zimmer. „Meine Schwester und ich haben die erste Nacht auf Matratzen im Katzenzimmer geschlafen. So haben die Kleinen gemerkt, dass sie nicht allein sind“, erzählt Ella. Nach ein paar Tagen toben die Kätzchen durchs ganze Haus.

Anfangs bekommen die kleinen Katzen eine Aufzuchtmilch zu trinken. Das ist ein Pulver, das mit warmem Wasser vermischt wird.

Wenn sie größer sind, erhalten die Tiere püriertes Hähnchen aus Gläsern für Babys und spezielles Futter für Katzenjunge.

Kuhmilch dürfen die Kätzchen nicht trinken, weil sie diese nicht vertragen. Stattdessen steht immer eine Schale mit Wasser bereit.

Damit Ella beurteilen kann, ob die kleinen Katzen an Gewicht zunehmen, wiegt sie die Tiere jeden Abend mit einer Küchenwaage.

Mit etwa zwölf Wochen ziehen die Katzenkinder dann in neue Familien um.

Schneide die Überschriften aus und klebe sie an die richtige Stelle.

✂

Ernährung in den ersten Tagen	**Alt genug für eine neue Familie**	
Nahrung für größere Kätzchen	**Wiegen mit der Küchenwaage**	
Das Katzenzimmer	**Wasser statt Kuhmilch**	**Verwaiste Katzenbabys**

Der Plan

Nummeriere die Sätze in der richtigen Reihenfolge.

Tipp: Lies im 5. Kapitel (ab Seite 32) nach.

- ◯ „Omas Katze ist operiert worden, damit sie keine Jungen kriegen kann." (R)
- ◯ „Ich möchte Söckchen für den Tierarzt einfangen." (N)
- ◯ „Am besten hilfst du der kleinen Familie, indem du Futter hinstellst." (A)
- ◯ „Alle Katzen, die draußen herumlaufen, müssen operiert werden." (E)
- ◯ „Du musst doch nicht in den Nachbargarten, um die vier zu füttern!" (Z)
- ◯ „Aber es ist nicht einfach, die scheuen Tiere einzufangen." (T)
- (1) „Ich möchte Söckchen und ihren Kindern helfen." (K)
- ◯ „Söckchen könnte schon bald ein weiteres Mal schwanger werden." (N)
- ◯ Einfangen? Wie soll das gehen? (T)
- ◯ „Durch die Hecke können auch die Jungtiere zu euch herüberschlüpfen." (E)
- ◯ „In den Garten kommt man nur, wenn man durchs Haus geht." (T)
- ◯ „Also dann! Schmieden wir einen Plan!" (G)
- ◯ „Es gibt extra Katzenfallen dafür." (U)

Die Buchstaben hinter den Sätzen ergeben in der richtigen Reihenfolge ein Lösungswort. Schreibe es auf.

Lösungswort: ______________________

Meine Katzenfamilie

Du brauchst:

- vier Klopapierrollen
- eine Schere
- Acrylfarben in Schwarz, Weiß, Grün und Rot
- einen Borstenpinsel
- einen feinen Pinsel

So geht's:

1. Schneide drei Klopapierrollen etwas kürzer. Das werden die Katzenbabys.
2. Falte bei allen Papprollen jeweils die beiden Oberkanten zur Mitte. So entstehen die Ohren.
3. Male die Papprollen mit dem Borstenpinsel an. Du kannst dich an den vier Katzen im Buch orientieren. Grau erhältst du, indem du Schwarz und Weiß verrührst.

4. Wenn die Farbe auf den Rollen getrocknet ist, mische aus Weiß und Rot die Farbe Rosa. Male mit dem feinen Pinsel in die Innenseiten der Ohren kleine Dreiecke.
5. Mit Weiß oder Schwarz gestaltest du das Gesicht, mit Grün die Augen. Die Nasen und Zungen werden rosa.

Spielidee:

Wenn die Farbe trocken ist, kannst du die Katzen als Fingerpuppen benutzen.

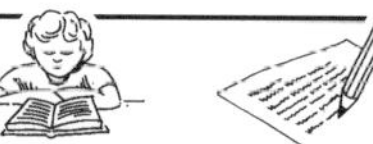

Name:

lesen **schreiben** **Spracharbeit** rätseln malen / basteln

Auf Beobachtungsposten

Lilli beobachtet die Katzen im Garten.

Ergänze die Verben in der richtigen Form.

Tipp: Lies im 6. Kapitel (ab Seite 37) nach.

putzen | schleichen | fressen | schnuppern | knacken | verschwinden | bewegen

1. Plötzlich ______________ sich etwas in den Büschen.
2. Söckchen ______________ sich vorsichtig an die Näpfe heran.
3. Beide Tiere ______________ an dem Katzenfutter.
4. Söckchen und das schwarze Junge beginnen sofort zu ______________.
5. Die Katzen ______________ sich selbst und einander.
6. Es ______________ auf der anderen Seite der Mauer.
7. Alle vier ______________ blitzschnell in den Büschen.

Lies die Buchstaben in den Klammern von rechts nach links und setze das Verb ein.

Denke an die Kleinschreibung.

1. Die Katze ______________ (TREUAL) vor dem Mauseloch.
2. Der Kater ______________ (TGNIRPS) auf den Gartentisch.
3. Die Kätzchen ______________ (NERRUNHCS), wenn sie gestreichelt werden.
4. Die Nachbarskatze ______________ (TRETTELK) auf den Apfelbaum.

Lilli wird entdeckt

Schreibe auf die Linien, welcher Zwilling spricht.

Tipp: Lies im 6. Kapitel (ab Seite 37) nach.

Siehst du! Hab ich doch recht gehabt: Hier geht was vor sich.

Was machst du denn mit den Katzen?

Das da vorn ist eine Falle, oder?

Sag bloß, du willst sie einfangen, weil du ein Kuscheltier haben möchtest?

Lilli ist wütend, doch sie bringt kein Wort heraus.

Was könnte Lilli den Jungen erwidern, wenn sie mutiger wäre? Schreibe auf.

Name:

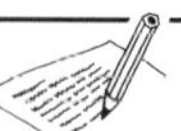

lesen schreiben Spracharbeit rätseln malen/basteln

Fortschritte

Die Katzen gewöhnen sich langsam an Lilli.

Kreuze jeweils an, was wahr und was falsch ist.

Tipp: Lies im 7. Kapitel (ab Seite 43) nach.

	wahr	falsch
1. Lilli setzt sich in die Nähe der Futternäpfe.	V	Z
2. Die Katzen streifen um Lilli herum.	E	A
3. Minni spielt als Erste mit Lillis Schnürsenkeln.	T	R
4. Die Kätzchen jagen Papierkugeln, die Lilli über den Rasen schießt.	T	D
5. Minni setzt sich auf Lillis Schoß und lässt sich streicheln.	R	K
6. Das schwarze Kätzchen schnurrt.	I	A
7. Söckchen beobachtet Lilli misstrauisch.	O	U
8. Die Katzen haben Angst vor der Falle.	I	E
9. Söckchen frisst das Futter in der Katzenfalle.	N	P

Die angekreuzten Buchstaben ergeben von oben nach unten ein Lösungswort. Schreibe es auf.

Lösungswort: ____________________

Durch welchen Buchstaben musst du das Fragezeichen im Wortrad ersetzen, damit ein sinnvoller Begriff entsteht? Finde ihn und schreibe das Wort auf.

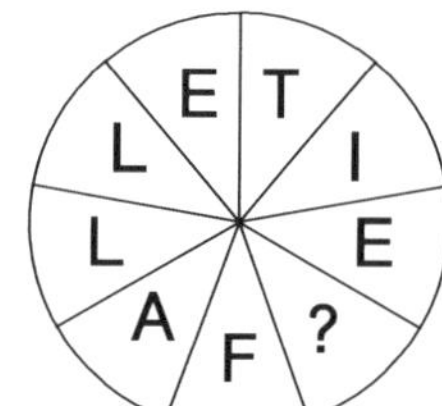

____

Name:

Schnurren, murren, gurren

Welches Wort ergibt jeweils keinen Sinn? Streiche es durch.

schnurren murren gurren surren lurren

schleichen weichen teichen reichen gleichen

bringen springen klingen tingen singen

mecken wecken lecken recken necken

messen lessen stressen fressen pressen

jagen nagen ragen gagen tagen

Im Gitterrätsel haben sich sechs Verben versteckt, die zu Katzen passen. Finde die Begriffe und rahme sie ein.

Tipp: Alle Verben kommen in der ersten Aufgabe vor.

S	B	H	O	M	A	C	H	W	Ö	K	M	S	L
J	A	G	E	N	T	B	E	A	T	Z	O	P	A
S	T	H	E	V	E	N	G	T	I	A	S	R	B
I	U	S	C	H	N	U	R	R	E	N	U	I	D
V	R	U	H	K	H	J	T	N	F	E	O	N	K
N	A	L	N	G	F	R	S	A	E	O	W	G	T
H	E	E	T	K	R	S	S	H	L	W	I	E	E
L	S	C	H	L	E	I	C	H	E	N	H	N	X
Ü	R	K	Z	C	S	I	V	T	L	P	M	H	R
N	O	E	P	O	S	E	L	U	T	C	E	A	Ö
C	H	N	E	A	E	R	B	A	K	G	D	R	S
U	I	E	A	N	N	W	E	M	R	A	N	H	L
S	M	H	W	K	O	T	U	D	A	G	W	U	V

Bilde mit den Verben aus dem Rätsel ganze Sätze und schreibe sie in dein Heft.

Name:

lesen **schreiben** Spracharbeit rätseln malen / basteln

Die Falle schnappt zu ...

Beantworte die Fragen in ganzen Sätzen.

Tipp: Lies im 7. Kapitel (ab Seite 43) nach.

1. Was befürchtet Lilli, wenn sie Söckchen einfängt?

2. Warum bekommen die Katzen morgens vor dem Einfangen kein Futter?

3. Wie lenkt Lilli das schwarze Kätzchen ab?

4. Wann schnappt die Falle zu?

5. Was machen die drei Katzenjungen, als Söckchen in der Falle sitzt?

6. Wohin bringen Lilli und ihre Mutter Söckchen?

Wird Söckchen nach dem Einfangen wohl wieder Vertrauen zu Lilli fassen? Sprecht darüber.

Minni ist in Gefahr

Der Holzstoß ist in sich zusammengebrochen. Auch die Wörter liegen kreuz und quer.

Bestimme die Wortarten. Male Nomen blau, Verben rot und Adjektive grün an.

grün | Holzstoß | verstummen | verschütten | zögern | schmal | einklemmen | Katzenkind | selbstbewusst | Unfall | Hilfe | schnell

Schreibe die Wörter in der Reihenfolge des Alphabets auf.

Wenn der Anfangsbuchstabe gleich ist, sortierst du nach dem Folgebuchstaben usw.

Nomen: ______________________________

Verben: ______________________________

Adjektive: ______________________________

Schreibe eine kurze Geschichte in dein Heft, in der die Wörter vorkommen.

Name:

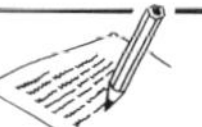

lesen **schreiben** Spracharbeit **rätseln** malen / basteln

Alles doppelt

In der Geschichte gibt es viele Wörter mit doppelten Buchstaben.

Schreibe die gesuchten Begriffe in Großbuchstaben in die Kästchen.

1. Das kleinste Kätzchen erhält diesen Namen.
2. So heißt die Hauptfigur der Geschichte.
3. Die Katzen warten schon darauf, weil sie hungrig sind.
4. Geschwister, die am selben Tag geboren wurden, nennt man …
5. So heißt der blonde Nachbarsjunge.
6. Das passiert den Jungen beim Fußballspielen.
7. Wenn die Kätzchen die vollen Näpfe sehen, bekommen sie …
8. Auf dem Weg zu den Kampmanns springt Lilli sie hinunter.

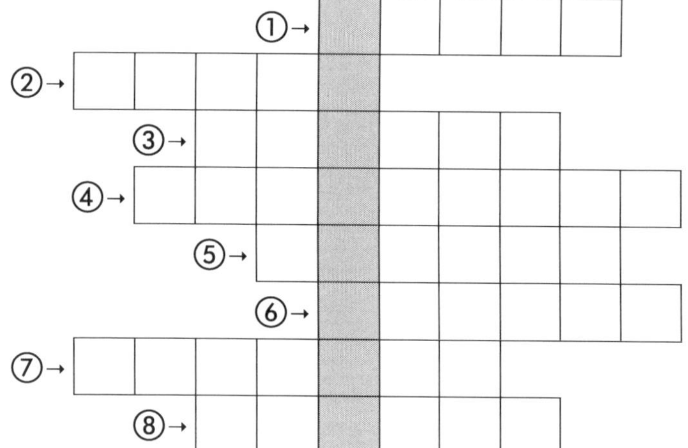

Die Buchstaben in den grauen Feldern ergeben von oben nach unten gelesen ein Lösungswort. Trage es ein und vervollständige so den Satz.

Bei den doppelten Buchstaben handelt es sich um

.

Name:

lesen schreiben Sprcharbeit rätseln malen / basteln

Ich kenn mich aus mit Katzen

Katzen haben viele Bedürfnisse.

Kreuze jeweils die richtige Antwort an.

1. Katzen brauchen eine …
- [ ] Dusche. (B)
- [ ] Toilette. (F)

2. Katzen wollen …
- [ ] springen. (U)
- [ ] schwimmen. (A)

3. Katzen mögen …
- [ ] erhöhte Ruheflächen. (T)
- [ ] ein Körbchen unter dem Bett. (G)

4. Katzen wetzen ihre Krallen an …
- [ ] Kratzbäumen. (T)
- [ ] Plastikbüschen. (K)

5. Katzen spielen am liebsten …
- [ ] allein. (I)
- [ ] mit Artgenossen. (E)

6. Katzen schauen gern …
- [ ] Bücher an. (Z)
- [ ] aus dem Fenster. (R)

Die Buchstaben hinter den richtigen Antworten ergeben von oben nach unten gelesen ein Lösungswort. Schreibe es auf und vervollständige so den Satz.

Katzen benötigen täglich ______________________.

Wohnungskatzen und Freigänger

Bei Hauskatzen unterscheidet man zwischen Wohnungskatzen und Freigängern.

Was passt zu Wohnungskatzen? Male die Aussagen blau an.
Was passt zu Freigängern? Male die Aussagen grün an.

Meine Katze streift durch die Gärten und lauert vor Mauselöchern.

Durch eine Katzenklappe kann mein Tier ins Freie gelangen.

Damit meiner Katze nicht langweilig wird, spiele ich oft mit ihr.

Meine Katze lebt ausschließlich in der Wohnung.

Einmal wurde meine Katze aus Versehen in einem fremden Keller eingesperrt.

Auf unserem Balkon ist ein Netz gespannt. So kann unsere Katze nicht abstürzen.

Meine Katze verteidigt ihr Revier und kämpft manchmal mit ihren Artgenossen.

In unserer Wohnung sind Kratzbäume aufgestellt, an denen sich unsere Katze ihre Krallen schärft.

Name:

lesen **schreiben** Spracharbeit rätseln malen/basteln

Im Tierheim wird es eng

Katzen landen aus verschiedenen Gründen im Tierheim.

Bilde aus den Silben Wörter und setze sie in die Lücken ein. Denke an die Groß- und Kleinschreibung.

BE HAUS AL UM TIE LER

ZUG GIE SIT ZER REN

1. Ein Familienmitglied hat eine Katzen__________.
2. Der __________ der Katze ist gestorben.
3. Die Katze verträgt sich nicht mit den anderen

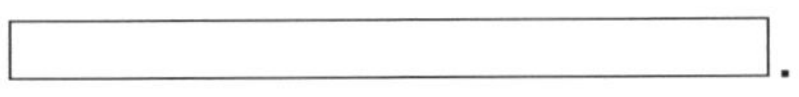

   __________.
4. Es steht ein __________ in eine kleinere Wohnung an.

   Dort ist kein Platz für die Katze.

Sollte man sich für eine Katze aus dem Tierheim oder vom Züchter entscheiden? Sprich mit deinem Partner und schreibe jeweils zwei Gründe auf.

Ich entscheide mich für eine Katze aus dem Tierheim, weil …

____

____

____

Ich möchte lieber eine Katze vom Züchter haben, weil …

____

____

____

In der Bastelwerkstatt:

Katzenhaus

Du brauchst:

- eine Pappkiste (z. B. Schuhkarton)
- Bänder (z. B. Kordeln oder Schnürsenkel)
- verschiedene kleine Gegenstände, die sich als Spielzeug für Katzen eignen (z. B. Klopapierrollen oder Federn)
- eine Schere

So geht's:

1. Befestige die Gegenstände an den Bändern.
2. Bohre mit der Schere Löcher in eine Längsseite der Kiste.
3. Ziehe die Bänder durch die Löcher und mache jeweils einen dicken Knoten.

In der Bastelwerkstatt:

Katzenstein

Du brauchst:

- einen Kieselstein (in der Form eines Katzenkopfs)
- eine Schuhbürste
- Acrylfarbe und einen Pinsel oder Acrylstifte

So geht's:

1. Bürste den Stein ab.
2. Male ein Katzengesicht darauf.

Tipp:
Der Stein eignet sich gut als Gartendeko, Briefbeschwerer oder Geschenk.

Die Geschichte in Bildern

Schneide die Bildkarten aus und klebe sie in der richtigen Reihenfolge in dein Heft. Schreibe dann zu jedem Bild einen Satz.

Lilli wird immer mutiger

Zunächst hat sich Lilli vor den Nachbarsjungen gefürchtet. Am Ende der Geschichte werden die drei zu Freunden. Doch bis dahin ist es ein langer Weg.

Schneide die Satzstreifen aus. Bringe sie in die richtige Reihenfolge und klebe sie in dein Heft.

Wie könnte die Geschichte von Lilli weitergehen? Sprich mit deinem Partner und schreibe mindestens fünf Sätze in dein Heft.

✂

Beim Einkaufen mit ihrer Mutter schiebt Lilli tapfer den Wagen zur Kasse und öffnet den Brustbeutel mit ihrem Taschengeld.

Als sie vor der Haustür der Kampmanns steht, drückt Lilli den Klingelknopf und kann es selbst kaum fassen, dass sie sich das traut.

Lilli freut sich über Frau Weges Lob, wird aber trotzdem so verlegen, dass ihr keine Antwort über die Lippen kommt.

Die drei Freunde gehen gemeinsam zur Schule und Lilli versteht gar nicht mehr, wieso sie den Zwillingen früher ausgewichen ist.

Lilli wünscht sich, sie hätte genug Mut, um die Nachbarsjungen zu bitten, etwas leiser zu sein.

Nachdem Frau Wege den Plan zur Katzenrettung erklärt hat, ist Lilli bereit, alles zu riskieren.

Im Gespräch mit Frau Wege traut sich Lilli zu sagen: „Ich möchte Söckchen und ihren Kindern helfen. Was kann ich tun?“

Lilli hat keine wirklichen Freundinnen oder Freunde. Denn ihr fehlt der Mut, eine ihrer Klassenkameradinnen anzusprechen.

„Meine Güte“, flüstert Lilli der Katze auf dem Spielplatz zu. „Du bist ja wirklich noch schüchterner als ich.“

Naschkatze

Klebe die Karten mit den Begriffen und ihren Erklärungen auf einen dünnen Pappkarton. Schneide sie dann aus.

✂

 Das ist eine Bezeichnung für die Reflektoren am Fahrrad.	 So wird eine Süßigkeit aus Schokolade oder ein länglicher Keks bezeichnet.	 Er entsteht, wenn man den Rücken durchdrückt.
 Katzenauge	 Katzenzunge	 Katzenbuckel
 Wenn man nieder-geschlagen ist, leidet man darunter.	 So nennt man jemanden, der gern Süßigkeiten isst.	 Nach körperlicher An-strengung oder viel Sport kannst du ihn bekommen.
 Katerstimmung	 Naschkatze	 Muskelkater
 Wenn du dich schnell und nicht gründlich wäschst, ist das eine …	 Die Blüten von Birke, Haselstrauch und Weide werden so genannt.	 Eine kurze Entfernung bezeichnet man so.
 Katzenwäsche	 Kätzchen	 Katzensprung

Name:

lesen **schreiben** **Spracharbeit** rätseln malen / basteln

Nachtisch mit Katzenzungen

Du brauchst:

- ein Päckchen Vanillepudding
- einen Becher Sahne
- eine Packung Löffelbiskuits (oder Katzenzungen)
- etwas Milch
- Kokosstreusel

Ergänze das Rezept mit den passenden Verben in der Befehlsform (Imperativ).

Denke daran: Satzanfänge schreibt man groß.

vermischen | verwenden | eintauchen | steif schlagen | geben

wälzen | kochen | legen | stellen | füllen

So geht's:

1. ________ den Pudding.
2. ________ die Sahne mit einem Rührgerät ________.
3. ________ den abgekühlten Pudding mit der Sahne.
4. ________ die Katzenzungen in die Milch ________.
5. ________ jeweils die obere Seite der Katzenzungen in den Kokosstreuseln.
6. ________ die Hälfte der Katzenzungen mit den Kokosstreuseln nach unten auf eine Platte.
7. ________ die Pudding-Sahne-Mischung in einen Spritzbeutel.
8. ________ etwas davon auf jede Katzenzunge.
9. ________ die andere Hälfte der Katzenzungen als „Deckel" (mit den Streuseln nach oben).
10. ________ die Katzenzungen für ein paar Stunden in den Kühlschrank.

Guten Appetit!